行水云课数字教材

"十四五"职业教育国家规划教材配套教材
山西省"十四五"首批职业教育规划建设教材
高等职业教育水利类新形态一体化教材

水利工程测量实训
（活页式）

主 编 张艳华 王百勇 王璇洁

中国水利水电出版社
www.waterpub.com.cn
·北京·

内 容 提 要

全书共分为10个项目：项目1工程测量员岗位认识；项目2常用仪器认识；项目3单项测量技能；项目4坐标测量；项目5控制测量；项目6施工放样；项目7大比例尺地形图测绘；项目8断面图测绘；项目9渠道中线测量；项目10土石坝施工测量。

本书主要供高职高专水利工程、水利水电建筑工程、水利水电工程智能管理等专业理实一体化教学使用，也可以作为相关工程技术人员自学教材或参考书。

图书在版编目（CIP）数据

水利工程测量实训 / 张艳华，王百勇，王璇洁主编. 北京 : 中国水利水电出版社，2024. 9. -- ISBN 978-7-5226-2599-7

Ⅰ. TV221

中国国家版本馆CIP数据核字第2024WN4272号

书　　名	**水利工程测量实训** SHUILI GONGCHENG CELIANG SHIXUN
作　　者	主编　张艳华　王百勇　王璇洁
出版发行	中国水利水电出版社 （北京市海淀区玉渊潭南路1号D座　100038） 网址：www. waterpub. com. cn E-mail：sales@mwr. gov. cn 电话：（010）68545888（营销中心）
经　　售	北京科水图书销售有限公司 电话：（010）68545874、63202643 全国各地新华书店和相关出版物销售网点
排　　版	中国水利水电出版社微机排版中心
印　　刷	北京市密东印刷有限公司
规　　格	184mm×260mm　16开本　12印张　285千字
版　　次	2024年9月第1版　2024年9月第1次印刷
印　　数	0001—1500册
定　　价	**43.00**元

前言

本教材严格贯彻党的二十大精神，以及中共中央办公厅、国务院办公厅印发的《关于推动现代职业教育高质量发展的意见》文件精神，坚持立德树人、德技并修，强化思想政治教育与水利工程测量技术技能培养融合统一；坚持产教融合、校企合作，强化产教一体水利工程测量职业能力培养；坚持面向实践，“岗、课、赛、证”融通，多措并举，培养学生水利工程测量职业能力；坚持因材施教，助力学生全面发展点燃人才“动力引擎”，发展新质生产力。

本教材为“十四五”职业教育国家规划教材《水利工程测量》的配套实训教材，在省级精品课程、国家级专业资源库课程建设、校本教材建设的基础上，落实职业标准与课程标准，紧扣全国水利大类专业核心素养，结合职业教育教学特点及学生的学习规律，根据水利工程测量的作业方法，设计教学项目，基于水利工程测量岗位生产工作过程，以项目为导向，以任务为驱动，设置“水利工程测量单项技能训练”“水利工程勘测设计阶段测量工作”“水利工程施工建设阶段测量工作”三个模块，主要任务以“实训目标”“实训准备与要求”“实训步骤和方法”“实训任务书”“测量记录表”“实训考核评价表”等6个部分组织编写内容。同时，将水利工程测量职业能力培养与思政教育、1+X等级证书（测绘地理信息数据获取与处理职业技能等级证书）培训、测绘职业技能竞赛（全国职业院校技能大赛高职组地理空间信息数据采集与处理赛项）培训、水利工程测量项目生产案例等相融合；此外，教材中还增加了融媒体资源（主要包括视频、动画等数字资源、虚拟仿真资源），以满足全国水利类专业教学要求及国家“三教”改革对职业教育教学的实施要求。本教材共10个项目、30个任务，采用活页式装订，便于学生用于不同的学习环境，提交实训成果。

本教材由山西水利职业技术学院教学团队编写完成，由张艳华副教授、王百勇副教授、王璇洁讲师担任主编，并完成全书统稿。项目1由崔茜编写，项目2由赵黎编写，项目3由牛晓婷编写，项目4由王璇洁编写，项目5由王百勇编写，项目6由庞鑫编写，项目7由张笑蓉编写，项目8由张艳华编写，项目9由樊盼编写，项目10由陈帅编写。山西省地球物理化学勘查院有限公司方斌、高芳芳参与本教材的编写工作并提供了真实的案例。全书由杜玉柱副教授担任主审。

限于编者水平、经验与时间，书中难免有欠妥之处，敬请专家、同行和读者斧正。

编者

2024年3月

多媒体资源索引

续表

目 录

模块1　水利工程测量单项技能训练

项目 1

工程测量员岗位认识

【学习目标】

通过学习工程测量员的岗位职责，做到熟练使用水准仪、全站仪、GNSS－RTK 等测绘仪器，有强烈的事业心和责任感，具有良好的团队合作精神，锻炼出较强的工作能力和沟通能力。

【情感、态度与价值观目标】

测量是一项艰苦的行业，需要工程测量员能吃苦耐劳，适应户外测量工作，态度端正，能主动学习，具备良好的职业素养和职业道德，并且应有高度的责任感及团队合作精神、协调和沟通能力，坚持实事求是、认真负责、一丝不苟的工作作风，所以测量工作人员要有乐观的人生态度和严谨科学的工作精神。

任务 1.1 岗 位 简 介

（1）熟知测量技术、规章制度、标准、规定等。

（2）根据施工组织设计、施工图纸和施工进度安排，编制项目施工测量计划。

（3）根据施工组织设计配合施工人员完成施工过程的检验，并填写测量记录，及时整理交给相关工作人员。

（4）负责工程测量和复测工作，做好测量记录、图纸变更记录。

（5）分析测量数据，评定测量结果，并编写分析报告。

（6）负责测量仪器设备设施的检查和维护。

工程测量员职业标准

任务 1.2 理 论 应 知

1.2.1 实训要求

（1）实训前必须阅读有关教材及实训指导书，初步了解实训的内容、目的要求、方法步骤及注意事项，以保证按要求完成实训任务。

（2）实训分小组进行，组长负责组织和协调小组工作，办理所用仪器工具的借领和归还。每位同学都必须仔细认真地操作，培养独立工作的能力，严谨的科学态度，同时要发扬相互协作精神。

（3）实训应在规定的时间和地点进行，不得无故缺席或迟到早退，不得擅自改变地点或离开现场。

（4）领到仪器后，到指定实训地点集中，待指导老师讲解后，方可开始实训。

（5）每次实训，各小组组长应根据实训内容进行适当的人员分工，并注意轮换工作。

（6）爱护测量仪器和工具。实训中，如出现仪器故障，应及时向指导教师报告，不可随意自行处理。若有损坏或遗失，先进行登记，查明原因后，视情节轻重，按学校有关条例给予适当赔偿和处理。

（7）实训结束时，应把观测记录、计算表交给指导教师审阅，合乎要求并经允许，方可收拾和清洁仪器工具，并按领取仪器的位置，归还仪器与用具。

1.2.2 记录要求

（1）记录填写时使用铅笔或者钢笔，不允许乱画。

（2）观测者读数后，记录者应随即在测量手簿中的相应栏内填写，并复诵回报以检核，不得另纸记录事后转抄。

（3）记录时要求字体端正清晰、数位对齐、数字齐全。

（4）观测数据的尾数不得涂改，读数或记错后，必须重测重记。例如，角度测量时，秒级数字出错，应重测该测站；钢尺量距时，毫米级数字出错，应重测该尺段。

（5）观测数据的前几位出错时，如米、分米、度等，则在错误数字上画细斜线，并保持原始数据部分的字迹清楚，同时将正确数字记在其上方。注意不得涂擦已记录的数据。

（6）记录数据修改后或观测成果废去后，都应在备注栏内写明原因（如测错、记错或超限）。

（7）严禁伪造观测记录数据，一经发现，将取消实训成绩并严肃处理。

1.2.3 计算要求

（1）每站观测结束后，必须在现场完成规定的计算和校核，确认无误后方可迁站。

（2）各项记录必须直接记入在规定的表格内，不准另以纸条记录事后誊写。凡记录表格上规定应填写的项目不得空白。记录与计算均应用绘图铅笔 2H 或 3H 记载。

（3）观测者读数后，记录者应在记录的同时回报读数，以防听错、记错。记录的数据应写齐规定的字数，表示精度或占位的“0”均不能省略。如水准尺读数 1.43m 应记作 1.430m，角度读数 45°6′6″应记作 45°06′06″。

（4）测量计算时，数字进位应遵循“四舍六入，五前单进双舍”的原则。比如对 1.5344m、1.5336m、1.5335m、1.5345m 这几个数据，则均应记为 1.534m。

（5）测量计算时，数字的取位规定：水准测量视距应取位至 1.0m，视距总和取位至 0.01km，高差中数取位至 0.1mm，高差总和取位至 1.0mm，角度测量的秒取位至 1.0″。

（6）观测手簿中，对于有正负意义的量，记录计算时，一定要带上“+”或“−”，不能省略。

（7）简单计算，如平均值、方向值、高差等，应边记录、边计算，以便超限时能及时发现问题并立即重测。较为复杂的计算，可在实训完成后及时计算。

任务1.3 操 作 应 知

1.3.1 仪器工具的借领及归还

（1）以小组为单位前往测量仪器室借领仪器工具。仪器工具均有编号，借领时应当场清点和检查，如有缺损，立即补领或更换。

（2）仪器搬运前，应检查仪器背带和提手是否牢固，仪器箱是否锁好，搬运仪器工具时，应轻拿轻放，避免剧烈震动和碰撞。

（3）实训结束后，应清理仪器工具上的泥土，及时收装仪器工具，送还仪器室，按要求整齐排放。

1.3.2 仪器的安装

（1）架设仪器三脚架时，三条架腿抽出的长度和三条架腿分开的跨度要适中，架头大致水平。如果地面为泥土地面，将各架脚尖踩入土中，使三脚架稳妥，以防仪器下沉；如果在斜坡地上架设仪器三脚架，应使两条架腿在坡下，一条架腿在坡上；如果在光滑地面架设仪器三脚架，要采取安全措施，防止仪器脚架打滑。

（2）仪器箱应平稳放在地面上或其他平台上才能开箱。开箱后，看清仪器在箱中的位置，以免装箱时发生困难。取仪器前应先松开制动螺旋，以免在取出仪器时，因强行扭转而损坏制动装置。

（3）取出仪器时，应握住基座或照准部的支架部分取出，然后小心地放在三脚架架头上，一手握住基座或照准部的支架，另一手将中心连接螺旋旋入基座底板的连接孔内旋紧，做到“连接牢固”。

（4）从仪器箱取出仪器后，要随即将仪器箱盖好，以免沙土杂草进入箱内。禁止坐仪器箱。

1.3.3 仪器的使用

（1）使用仪器时，避免触摸仪器的物镜和目镜。如果镜头有灰尘，应用仪器箱中的软毛刷拂去或用镜头纸轻轻擦拭。严禁用手帕或纸张等物擦拭，以免损坏镜头上的药膜。

（2）转动仪器时，应先松开制动螺旋，然后平稳转动；制动时，制动螺旋不能拧得太紧；使用微动螺旋时，应先旋紧制动螺旋。

（3）在任何时候，仪器旁必须有人看管，做到“人不离仪”，防止其他无关人员使用以及行人车辆等冲撞仪器。在阳光或细雨下使用仪器时，必须撑伞，特别注意不得使仪器受潮。

1.3.4 仪器的搬迁

（1）远距离迁站或通过行走不便的地区时，必须将仪器装箱后再迁站。

（2）近距离且平坦地区迁站时，可将仪器连同三脚架一同搬迁，方法是：先检查一下连接螺旋是否旋紧，然后松开各制动螺旋，若为经纬仪应使望远镜对着度盘中心，若为水准仪物镜应向后，再收拢三脚架，左手握住仪器的基座或支架，右手抱住三脚架，近乎垂直地搬迁。

（3）仪器迁站时，必须带走仪器箱及有关工具。

1.3.5 仪器的装箱

（1）仪器使用完毕，应及时清除仪器及箱子上的灰尘和三脚架上的泥土。

（2）仪器装箱时，应先松开各制动螺旋，将基座上的脚螺旋旋至中段大致等高的地方，再一手握住照准部支架或水准仪基座，另一手将中心连接螺旋旋开，双手将仪器取下装入箱中，试关箱盖，确认放妥后，再旋紧各制动螺旋，检查仪器箱内的附件是否缺少，然后关箱门，并立即扣上门扣或上锁。

1.3.6 测量工具的使用

（1）钢卷尺使用时，应避免扭转、打结，防止行人踩踏和车辆碾压，以免钢尺折断；携尺前进时，必须提起钢尺行走，不允许在地面拖走，以免损坏钢尺刻画；钢卷尺使用完毕，必须用抹布擦去尘土，涂油防锈。

（2）水准尺和测杆使用时，应注意防水、防潮，不可受横向压力，以免弯曲变形，应轻拿轻放。不得将水准尺或测杆往树上或墙上立靠，以防滑倒摔坏或磨损尺面。测杆不得用于抬东西或作标枪投掷。塔尺在使用时，应注意接口处的正确连接，用后及时收尺。

（3）测图板使用时，应注意保护板面，不准乱戳乱画，不能施以重压。

思政园地：科学家精神——夏坚白院士

夏坚白院士是中国当代测绘事业开拓者、著名大地测量学家、大地天文学奠基人、优秀的社会活动家和重操守的教育家，我国第一批学部委员之一，也是中国科学院第一批学部委员中的首位测绘科学家。

1939 年 10 月夏坚白院士回国后为培养祖国的测绘人才而到昆明同济大学任教。1943 年他被聘为中央测量学校院士兼教育处长。他不计待遇微薄，为了测绘事业欣然应聘，凭他个人的才华和魄力，大刀阔斧地进行一系列的教育改革，将原有的四个专业改成大地测量、航空摄影测量、地形测量、制图、测绘仪器制造五个专业。将大专体制的学校改革成军事测绘本科大学，对各专业的教学计划和课程设置进行大胆改革，使理论和实践相结合，树立了刻苦学习、理论联系实际、求是创新的新校风。在短短的三、四年间就为国家迅速培养出一大批合格的高级测绘人才，使中央测量学校的声誉大为提高。1948 年 7 月夏坚白院士任同济大学院士兼教务长，同年 12 月任校长，为中国教育事业的发展做了大量工作。

中华人民共和国成立后，夏坚白院士深感测绘科学事业对国家各项建设起着重要的作用。为发展新中国的测绘事业，他积极向国家有关方面呼吁：国家应建立必要的测绘体制，仅有总参测绘总局是不够的，国家应设立管理全国经济建设的测绘业务部门，即国家测绘总局。另外，需迅速成立测绘学院，大量地培养测绘科技人员和高级测绘人才。还必须设立测绘研究所和测绘学术团体，只有这样才能形成发展测绘科学事业完整的体制，才能应对测绘科学事业面临的各种新的挑战。在夏院士和各方面的呼吁和建议下，经中央研究，自 1950 年起到 1959 年相继成立了国家测绘总局、武汉测绘学院、测绘科学研究所、中国测绘学会，对武汉测绘学院的创建和为中国测绘教育和科技事业的发展作出了重大贡献。1958 年，毛泽东主席在湖北亲切接见了他。

夏院士将自己的一生无私地全部贡献给了测绘事业。夏院士在中华人民共和国成立前开始研究现代测绘科技，力求改进测绘技术和测绘教育。夏院士在中华人民共和国成立后吸取世界先进测绘科技，结合我国实际，使我国测绘教育、测绘事业，得到了空前的发展。

项目 2

常用仪器认识

【学习目标】

通过学习常用的测绘仪器相关知识和技能，做到会使用水准仪、全站仪、GNSS-RTK 等测绘仪器，有强烈的事业心和责任感具有良好的团队合作精神，锻炼出较强的工作能力和沟通能力。

【情感、态度与价值观目标】

仪器在使用过程中要注意爱护，轻搬轻放；观测过程中实事求是，不伪造测量数据；实习过程中态度端正，能主动学习，有团队合作精神、协调和沟通能力。

任务 2.1　水准仪的构造及使用

2.1.1　实训目标

（1）了解 DS_3 型水准仪的基本构造，认清其主要部件的名称及作用。

（2）练习水准仪的安置、瞄准与读数操作，增强感性认识，培养动手能力。

（3）测定地面两点间的高差。

2.1.2　实训准备与要求

2.1.2.1　实训准备

1. 场地准备

可选择校内实训场进行。

2. 设备准备

水准仪

使用 DS_3 型水准仪或 DS_3 型自动安平水准仪，精度为每千米误差±3mm，要求状态良好，无部件损坏；与仪器配套的支架要求架头牢固，架腿伸缩自如，螺钉应固紧，架身无晃动，架腿支好后无滑动现象。

3. 工具及材料准备

每组准备 3m 长的塔尺 1 根，记录本 1 个。

水准尺

2.1.2.2　教师准备

提前在教学平台布置实训任务，发布水准仪的构造及使用的工作程序微课视频，让学生预习有关知识及操作步骤；按照预先的每 4 人分一组，准备好实训材料和工具，制定好实训程序和步骤，指导学生进行实训活动。

2.1.2.3 学生准备

做好知识的预习与储备，掌握水准仪的构造；提前水准仪的使用的工作程序，严格遵照本实训教程操作要求和注意事项，按照组内分工积极参与实训活动。

2.1.2.4 安全与文明要求

学生听从指导教师的安排及指挥，不在测量作业面上相互打闹；保护好测量仪器及工具；遵守测量实训须知的安全与文明要求；主动保护模拟施工场地上的各种测量标记，发现标记移动或损毁后要第一时间上报指导教师。

水准测量原理

2.1.2.5 参考资料

《工程测量规范》（GB 50026—2022）、《工程测量员国家职业标准》（6-01-02-04）、《水利水电工程施工测量规范》（SL 52—2015）、《工程测量通用规范》（GB 55018—2021）。

2.1.3 实训步骤和方法

2.1.3.1 安置仪器

将三脚架张开，使其高度适当，架头大致水平，如是软土需将架腿的尖脚踩入土中。再开箱取出仪器，将其固定在三脚架上。

2.1.3.2 认识仪器

指出仪器各部件的名称，了解其作用并熟悉其使用方法，同时弄清水准尺的分画与注记 。

2.1.3.3 粗略整平

如图 2.1（a）所示，为使圆水准器气泡居中，先按图中箭头方向同时向内（或向外）转动 1、2 两个脚螺旋，使气泡移动到 b 处，如图 2.1（b）所示；再用左手按图 2.1（b）中箭头所指方向转动第三个脚螺旋，使气泡再从 b 处移动到圆水准器的中心位置。通常需反复进行 2～3 次。

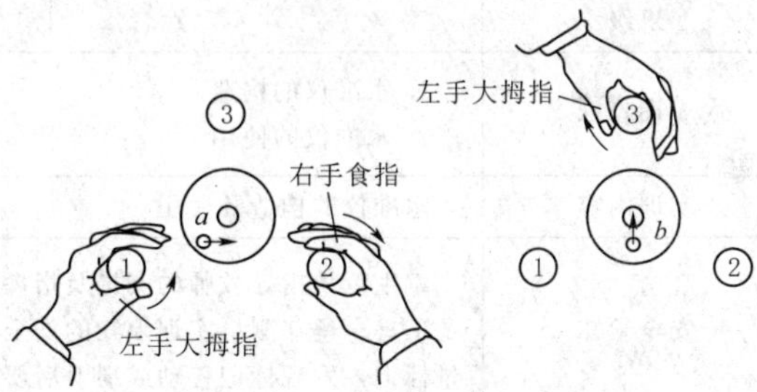

（a）第一步　　（b）第二步

图 2.1　粗略整平示意图

【注意】气泡移动的方向与左手拇指或右手食指运动的方向一致。

2.1.3.4 水准尺的瞄准、精平与读数

1. 瞄准

（1）用准星和照门粗略瞄准水准尺，旋紧制动螺旋。

（2）转动目镜对光螺旋进行对光，使十字丝分画清晰，再转动物镜对光螺旋使水准尺影像清晰。

（3）转动水平微动螺旋，使十字丝竖丝靠近水准尺一侧，若存在视差，则应仔细进行物镜对光予以消除。

2. 精平

转动微倾螺旋使符合水准气泡两端的影像吻合（即成一圆弧状），也称精平。

3. 读数

用十字丝的中丝读出米、分米和厘米，并估读至毫米，记录下4位读数。

2.1.3.5 测定地面两点间的高差

（1）在地面上选定 A、B 两个固定点。

（2）把仪器安置在距离 A、B 两点大致相等的位置。

（3）竖立水准尺于点 A 上，水准仪置于点 B，瞄准点 A 上的水准尺，精平后读取后视读数，记入实训报告1“水准测量手簿”中测点 A 一行的“后视读数”栏中。

（4）再将水准尺立于点 B，水准仪位于点 A，瞄准点 B 上的水准尺，精平后读取前视读数，并记入实训报告1“水准测量手簿”中测点 B 一行的“前视读数”栏中。

（5）计算两点 A、B 的高差，即 h_{AB}＝后视读数－前视读数。

（6）A、B 两点位置不变，改变水准仪的高度，再次测量两点间的高差，两点间的高差不应大于5mm 。如果偏差过大，应再次测量，测量中检查水准尺是否竖直，气泡是否居中，是否精平后再读数，读数是否准确等。

2.1.4 水准仪的构造与使用实训报告

实训任务书见表2.1，水准测量手簿见表2.2，实训考核评价表见表2.3。

表2.1　实训任务书

实训任务	水准仪的构造及使用		建议学时	4
班级		姓名	工作日期	
实训目标	1. 水准仪的构造。 2. 水准仪的使用			
实训内容	水准仪的构造及使用			
安全须知	学生听从指导教师的安排及指挥，不在测量作业面上相互打闹；保护好测量仪器及工具；遵守测量实训须知的安全与文明要求；主动保护模拟施工场地上的各种测量标记，发现标记移动或损毁后要第一时间上报指导教师			
实习成果	实训报告			
实训要求	1. 具备水准测量的基础知识。 2. 具备水准仪构造的知识。 3. 具备一定的实践动手能力、自学能力、数据计算能力、一定的沟通协调能力、语言表达能力和团队意识。 4. 严格遵守课堂纪律，不迟到、不早退；学习态度认真、端正。 5. 每位同学必须积极参与小组讨论。 6. 完成“水准仪的构造及使用”实训报告			
考核评价	评价内容：仪器操作正确性和工作效率评价；测量数据的正确性、完整性评价；完成报告的完整性评价；安全文明和合作性评价等。 评价方式：由学生自评（自述、评价，占10%）、小组评价（分组讨论、评价，占20%）、教师评价（根据学生学习态度、工作报告及现场抽查知识或技能进行评价，占70%）构成该同学该任务的成绩			

表 2.2　　水准测量手簿

安置仪器次数	点　号	后视读数/m	前视读数/m	高差/m		高程/m
				+	−	
第一次						
第二次						
第三次						
第四次						

表 2.3　　实训考核评价表

考核指标	指标内涵	分值	学生自评	小组评分	教师评分	实得分数
准备工作（20）	准备工作完整性	10				
	实训步骤内容描述	8				
	知识掌握完整程度	2				
工作过程（55）	数据正确性、完整性	10				
	精度评价	5				
	报告完整性	40				
基本操作（10）	操作程序正确	5				
	操作符合作业要求	5				
完成时间（5）	能够在要求的 90 分钟内完成，每超时 5 分钟扣 1 分	5				
合作性（10）	独立完成任务得满分	10				
	在组内成员帮助下得 6 分					
总分		100				

任务 2.2　全站仪的认识与使用

2.2.1　实训目标

（1）熟悉全站仪的基本操作和常规设置。

（2）掌握全站仪的水平角测量、水平距离测量、平面坐标测量和坐标放样。

2.2.2 实训准备与要求

2.2.2.1 实训准备

全站仪

1. 场地准备

可选择校内实训场进行。

2. 设备准备

使用全站仪，测角精度为 2″，要求状态良好，无部件损坏；与仪器配套的支架要求架头牢固，架腿伸缩自如，螺钉应固紧，架身无晃动，架腿支好后无滑动现象。

棱镜

3. 工具及材料准备

每组准备棱镜 2 个及配套镜站，记录本 1 个。

2.2.2.2 教师准备

提前在教学平台布置实训任务，全站仪的认识与使用，让学生预习有关知识及操作步骤；制定好实训程序和步骤，指导学生进行实训活动。

2.2.2.3 学生准备

做好知识的预习与储备，全站仪测水平角、测水平距离及平面坐标方法；提前分析工作程序，严格遵照本实训教程操作要求和注意事项，按照组内分工积极参与实训活动。

2.2.2.4 安全与文明要求

学生听从指导教师的安排及指挥，不在测量作业面上相互打闹；保护好测量仪器及工具；遵守测量实训须知的安全与文明要求；主动保护模拟施工场地上的各种测量标记，发现标记移动或损毁后要第一时间上报指导教师。

2.2.2.5 参考资料

《工程测量规范》（GB 50026—2022）、《工程测量员国家职业标准》（6-01-02-04）、《水利水电工程施工测量规范》（SL 52—2015）、《工程测量通用规范》（GB 55018—2021）。

全站仪安置操作

2.2.3 实训步骤和方法

2.2.3.1 安置仪器

把全站仪安放在三脚架上。具体操作是：先松开三脚架腿固紧螺旋，按观测者身高调整架腿长度，再将螺旋拧紧，把三脚架张开，目估使三脚架高度适中，架头大致水平；连接螺旋放在架头中心位置挂上垂球，平移三脚架，使垂球尖端大致对准测站点标志中心，再将三脚架的脚尖踩入土中，注意架头仍应基本保持水平（可升降架腿）。将全站仪从仪器箱中取出（记住仪器安放的位置），一手握住支架，另一手托住基座连接板，用中心连接螺旋将全站仪固紧在三脚架上即可进行安置工作主要的两项：对中和整平。

测量之前请再次检查确认仪器已精确整平、电池已充足电、垂直度盘指标已设置好，仪器参数已按观测条件设置好。完成了测量前的准备工作后，便可进行测量模式下的测量工作。

设地面上有 A、B、C 三点，A 点为测站点，B 点为起始目标点。

2.2.3.2 水平角测量

（1）将全站仪安置在 A 点，棱镜安置在 B 点、C 点，开机进入测量状态。

（2）盘左观测：将望远镜瞄准起始目标 B 点棱镜中心，按【置角】，将起始方向值 HAR 置成 0，按确认键【一】，记录水平角 HAR 读数。将望远镜瞄准 C 点棱镜中心，记录水平角 HAR 读数。

水平角测量

（3）盘右观测：倒转望远镜，瞄准 C 点棱镜中心，记录水平角 HAR 读数。望远镜瞄准 B 点棱镜中心，记录水平角 HAR 读数。

（4）完成全站仪水平角观测记录表。

若设置初始方向为所需的其他方向值，如设置成 0°1′30″，可按【置角】，输入 0.0130，再按确认键。

2.2.3.3 水平距离测量

（1）设置棱镜常数。按【改正】，输入棱镜常数，不同棱镜具有不同的棱镜常数改正值，输入后仪器会自动对所测距离进行改正。

（2）设置气象改正值。按【改正】，再按【PAGE】翻到第二页。本仪器是按气温为 15℃、气压为 1013hPa 时，气象改正数为“0”设计的。实测时可输入实际温度和气压值，仪器会自动对测量结果进行改正。

水平距离测量

（3）距离测量。将望远镜瞄准起始目标 B 点棱镜中心，按【测距】，屏幕上显示出水平距离“H”，按【停止】键，记录 AB 的水平距离“H”值。将望远镜瞄准目标 C 点棱镜中心，同样测量出 AC 的水平距离“H”值，并记录。距离都要求连续测量 3 次，比较测量结果，看是否符合要求。

（4）完成全站仪水平距离观测记录表。

全站仪距离测量模式有单次精测、重复精测、精测均值、单次快测、重复快测和跟踪测量。

根据不同的测量要求选择测量模式。本次实训可把测量模式设置成重复快测。

2.2.3.4 坐标放样

（1）设置棱镜常数。

（2）设置气象改正值。

（3）输入测站点坐标。测量模式下按翻页键【PAGE】，到测量模式第二页，点击【放样】，进入放样测量界面，按 √▲键选取“3. 测站设置”后按确认键【J】，输入测站点 A 点坐标，按【确 定】键确认输入的测站坐标值，自动返回上级菜单。

坐标测量

（4）输入后视点坐标。按√▲键选取“4. 方位角”后按确认键【一】，进入置方位角界面，点击【定向】键，输入后视点 B 点坐标，按【确定】键后照准后视点 B 点的棱镜中心，再次按【确定】键后返回放样测量界面。

（5）完成全站仪坐标记录表。

2.2.4 全站仪的认识与使用实训报告

实训任务书见表 2.4，全站仪水平角观测记录表见表 2.5，全站仪水平距离观测记录表见表 2.6，全站仪坐标测量记录表见表 2.7，实训考核评价表见表 2.8。

表 2.4　　　　实 训 任 务 书

<table>
<tr><td>实训任务</td><td colspan="3">全站仪的认识与使用</td><td>建议学时</td><td>6</td></tr>
<tr><td>班级</td><td></td><td>姓名</td><td></td><td>工作日期</td><td></td></tr>
<tr><td>实训目标</td><td colspan="5">1. 全站仪认识。
2. 掌握全站仪测水平角与使用。
3. 掌握全站仪测水平距离。
4. 掌握全站仪坐标测量。
5. 掌握全站仪坐标放样</td></tr>
<tr><td>实训内容</td><td colspan="5">全站仪认识与使用</td></tr>
<tr><td>安全须知</td><td colspan="5">学生听从指导教师的安排及指挥，不在测量作业面上相互打闹；保护好测量仪器及工具；遵守测量实训须知的安全与文明要求；主动保护模拟施工场地上的各种测量标记，发现标记移动或损毁后要第一时间上报指导教师</td></tr>
<tr><td>实习成果</td><td colspan="5">实训报告</td></tr>
<tr><td>实训要求</td><td colspan="5">1. 具备全站仪基础知识。
2. 具备全站仪测角、测距的知识。
3. 具备导线测量的基础知识。
4. 具备一定的实践动手能力、自学能力、数据计算能力、一定的沟通协调能力、语言表达能力和团队意识。
5. 严格遵守课堂纪律，不迟到、不早退；学习态度认真、端正。
6. 每位同学必须积极参与小组讨论。
7. 完成“全站仪认识与使用”实训报告</td></tr>
<tr><td>考核评价</td><td colspan="5">评价内容：仪器操作正确性和工作效率评价；测量数据的正确性、完整性评价；完成报告的完整性评价；安全文明和合作性评价等。
评价方式：由学生自评（自述、评价，占 10%）、小组评价（分组讨论、评价，占 20%）、教师评价（根据学生学习态度、工作报告及现场抽查知识或技能进行评价，占 70%）构成该同学该任务的成绩</td></tr>
</table>

表 2.5　　　　全站仪水平角观测记录表

测站	竖盘位置	目标	水平度盘读数/(° ′ ″)	半测回角值/(° ′ ″)	一测回平均角值/(° ′ ″)

表 2.6 全站仪水平距离观测记录表

边名	测量	读　数	备注	边名	测量	读　数	备注
	1				1		
	2				2		
	3				3		
	平均				平均		

表 2.7 全站仪坐标测量记录表

点　号	X 坐标	Y 坐标	备　注

表 2.8 实训考核评价表

考核指标	指标内涵	分值	学生自评	小组评分	教师评分	实得分数
准备工作（20）	准备工作完整性	10				
	实训步骤内容描述	8				
	知识掌握完整程度	2				
工作过程（45）	测量数据正确性、完整性	10				
	测量精度评价	5				
	报告完整性	30				
基本操作（10）	操作程序正确	5				
	操作符合限差要求	5				
安全文明（10）	叙述工作过程应注意的安全事项	5				
	工具正确使用和保养、放置实训设备	5				
完成时间（5）	能够在要求的 90 分钟内完成，每超时 5 分钟扣 1 分	5				
合作性（10）	独立完成任务得满分	10				
	在组内成员帮助下得 6 分					
总分		100				

任务 2.3 GNSS－RTK 认识与使用

2.3.1 实训目标

（1）熟悉 GNSS－RTK 的基本操作和常规设置。

（2）掌握 GNSS－RTK 的基准站设置、移动站设置等基础操作。

2.3.2 实训准备与要求

2.3.2.1 实训准备

1. 场地准备

可选择校内实训场进行。

2. 设备准备

GNSS－RTK 基准站一个，每组配备移动站一个，三脚架若干，记录板 1 块。

2.3.2.2 教师准备

GNSS－RTK

提前在教学平台布置实训任务，发布 GNSS－RTK 认识与使用微课视频，让学生预习有关知识及操作步骤；按照预先的每 4 人分一组，准备好实训材料和工具，制定好实训程序和步骤，指导学生进行实训活动。

2.3.2.3 学生准备

做好知识的预习与储备，掌握 GNSS－RTK 使用的方法；提前 GNSS－RTK 测量的工作程序，严格遵照本实训教程操作要求和注意事项，按照组内分工积极参与实训活动。

2.3.2.4 安全与文明要求

学生听从指导教师的安排及指挥，不在测量作业面上相互打闹；保护好测量仪器及工具；遵守测量实训须知的安全与文明要求；主动保护模拟施工场地上的各种测量标记，发现标记移动或损毁后要第一时间上报指导教师。

2.3.2.5 参考资料

《工程测量规范》（GB 50026—2022）、《工程测量员国家职业标准》（6－01－02－04）、《水利水电工程施工测量规范》（SL 52—2015）、《工程测量通用规范》（GB 55018—2021）。

2.3.3 实训步骤和方法

2.3.3.1 打开接收机

短按电源键开启移动站接收机，主机开始自动初始化和搜索卫星。当移动站接收机正常搜星后卫星灯每隔 5s 闪 N 次（N：搜索到的卫星颗数，$N>5$），即可进入软件设置基准站接收机。

2.3.3.2 移动站工作模式的设置

常规 RTK 测量系统作业模式

移动站开机后将手簿背面 NFC 区域贴近接收机 NFC 处，LandStar 7 软件会自动打开。当听到“滴”的一声代表手簿已连接上了手簿，随后 LandStar 7 软件会提示“已成功连接接收机”。

然后进入“工作模式”界面，接受默认工作模式：自启动移动站－华测电台，接受此工作模式成功后，移动站设置完成。移动站接收机正常接收数据时，主机上的差分信号灯会每隔 1s 进行闪烁，颜色为绿色。

测量点的类型有单点解（Single）、差分解（DGNSS）、浮点解（Float）和固定解（Fixed）。浮点解是指整周模糊度已被解出，测量还未被初始化。固定解是指整周模糊度已被解出，测量已被初始化。只有当移动站获取到了固定解后方可进行测量工作。

RMS 是均方根（Root Mean Square），用来表示点的测量精度。它是在大约 70%的位置固定点内的误差圆半径。它可用距离单位或波长周数表示。RTK 的定位精度一般要求为平面精度是 10mm＋2ppm，高程精度是 20mm＋2ppm；只有移动站的定位精度满足作业要求后，才能进行 RTK 测量工作。

2.3.3.3 新建工程

无论何种作业模式下工作，都必须首先新建一个工程对数据进行管理。进入项目→工程管理，单击“新建”。

输入工程名称、选择或新建坐标系、新建代码集或选择默认代码。完成坐标系和代码集的选择或新建之后，单击“确定”，即完成了工程的新建。

2.3.3.4 采集数据或放样

将对中杆对立在需测的点上，当软件界面的状态达到“固定解”时，单击测量图标开始保存数据。此时需要输入点名和天线高，量测方式选择“垂高”。

2.3.3.5 数据导出

单击“导出”，选择需要导出的点类型、文件类型和存储路径，然后对文件进行命名，最后单击“导出”，提示“导出成功！”则代表数据已成功导出。打开手簿的文件管理器，找到导出的数据文件。用数据线连接手簿和电脑即可拷贝至电脑中，也可使用蓝牙传输。下面以导出测量点、文件类型为＊csv，内容为名称、neh坐标为例。

2.3.4 GNSS-RTK 认识与使用实训报告

实训任务书见表 2.9，GNSS-RTK 点坐标测量记录表见表 2.10，实训考核评价表见表 2.11。

表 2.9 实训任务书

实训任务	GNSS-RTK 认识与使用			建议学时	4
班级		姓名		工作日期	
实训目标	1. GNSS-RTK 使用方法。 2. 能够利用 GNSS-RTK 进行数据采集				
实训内容	GNSS-RTK 认识与使用				
安全须知	学生听从指导教师的安排及指挥，不在测量作业面上相互打闹；保护好测量仪器及工具；遵守测量实训须知的安全与文明要求；主动保护模拟施工场地上的各种测量标记，发现标记移动或损毁后要第一时间上报指导教师				
实习成果	实训报告				

续表

实训任务	GNSS－RTK认识与使用	建议学时	4
实训要求	1. 具备数字测图的基础知识。 2. 具备GNSS－RTK使用的知识。 3. 具备一定的实践动手能力、自学能力、数据计算能力、一定的沟通协调能力、语言表达能力和团队意识。 4. 严格遵守课堂纪律，不迟到、不早退；学习态度认真、端正。 5. 每位同学必须积极参与小组讨论。 6. 完成“纵断面测量”实训报告		
考核评价	评价内容：仪器操作正确性和工作效率评价；测量数据的正确性、完整性评价；完成报告的完整性评价；安全文明和合作性评价等。 评价方式：由学生自评（自述、评价，占10%）、小组评价（分组讨论、评价，占20%）、教师评价（根据学生学习态度、工作报告及现场抽查知识或技能进行评价，占70%）构成该同学该任务成绩		

表2.10　　GNSS－RTK点坐标测量记录表

点　号	*X*坐标	*Y*坐标	备　注

表2.11　　实训考核评价表

考核指标	指标内涵	分值	学生自评	小组评分	教师评分	实得分数
准备工作（20）	准备工作完整性	10				
	实训步骤内容描述	8				
	知识掌握完整程度	2				
工作过程（45）	测量数据正确性、完整性	10				
	测量精度评价	5				
	报告完整性	30				
基本操作（10）	操作程序正确	5				
	操作符合限差要求	5				
安全文明（10）	叙述工作过程应注意的安全事项	5				
	工具正确使用和保养、放置实训设备	5				
完成时间（5）	能够在要求的90分钟内完成，每超时5分钟扣1分	5				

续表

考核指标	指标内涵	分值	学生自评	小组评分	教师评分	实得分数
合作性（10）	独立完成任务得满分	10				
	在组内成员帮助下得6分					
总分		100				

思政园地：顶天立地的“开路先锋”——国测一大队

这是中华人民共和国成立后的第一支“国测劲旅”，一支英雄的“尖兵铁旅”，一支顶天立地的“开路先锋”！

他们用脚板丈量大地，用经纬度描绘祖国山河。自1954年建队以来，他们徒步跋涉近6000多万km，相当于绕地球1500圈。六测珠峰、两下南极、36次进驻内蒙古荒原、46次深入西藏无人区、48次挺进新疆腹地，足迹遍布全国除台湾以外的所有国土，测出了近半个中国的大地测量控制成果，为国家的经济建设、国防建设和科学研究提供了宝贵的数据。

从黄海海平面的零海拔，到“地球之巅”的珠穆朗玛峰；从地表温度高达70℃的火焰山，到最低温度－45℃的新疆阿勒泰地区……他们用鲜血和生命为共和国标注了一个个新的坐标，为共和国的测绘事业筑起了一座座丰碑，也浇铸起“热爱祖国、忠诚事业、艰苦奋斗、无私奉献”的测绘精神丰碑。

他们有一个光荣的名字——国测一大队（原国家测绘地理信息局第一大地测量队，现自然资源部下属国测一大队）。1991年，他们获得国务院通令嘉奖，被授予“功勋卓著，无私奉献的英雄测绘大队”荣誉称号。2016年7月1日，国测一大队党委被中共中央授予“全国先进基层党组织”称号。

2015年7月1日，习近平总书记给国测一大队6位老队员、老党员回信中，充分肯定国测一大队爱国报国、勇攀高峰的感人事迹和崇高精神，对全国测绘工作者和广大共产党员提出殷切希望。

“热爱祖国、忠诚事业、艰苦奋斗、无私奉献”的测绘精神，已然成为这支英雄队伍的灵魂，正被一代代测绘人传承着。

项目3

单项测量技能

【学习目标】

（1）熟练操作水准仪，能够完成闭合或附合线路的五等水准测量外业工作，能够正确进行水准测量内业计算。

（2）熟练操作经纬仪，能掌握水平角和竖直角测量的观测方法、计算方法。

（3）学会钢尺量距及其成果整理，理解视距测量原理并能利用视距测量方法进行高差与距离测定，掌握全站仪测距技术。

【情感、态度与价值观目标】

（1）通过观测高差，相同的原理可应用于珠峰高程测量，了解世界屋脊数字的变化原因，激发学生的专业认同感和社会责任感。

（2）实训操作以小组的形式开展，养成科学、缜密、严谨、求实的思想作风和团结协作能力。

（3）通过比较等外水准测量与等级水准测量仪器、观测方法、数据处理、精度评定的不同，培养学生养成精雕细琢、精益求精的工匠精神。

（4）实训过程中要爱护仪器，轻拿轻放，螺旋扭动时要轻转，培养良好的职业道德。

（5）通过实训成果报告写作的训练，引导学生组织语言，科学严谨地描述作业流程，培养德智体美劳全面发展的社会主义建设者和接班人。

任务3.1 高差测量

3.1.1 实训目标

（1）掌握DS_3型水准仪各部分构造组成的名称、位置和作用。

（2）掌握测量仪器的开箱、拿取、使用及装箱的相关注意事项。

（3）掌握DS_3型水准仪的架设、粗略整平、瞄准、精平与读数各个操作环节的操作。

（4）掌握用高差法、视高法进行一个测站的简单水准测量的观测方法。

3.1.2 实训准备与要求

3.1.2.1 实训准备

1. 场地条件

准备光线充足的室内或室外场地，无雨天的室外是最好的，室外场地长宽至少

30m。可以选择宽阔的广场或路边人行道上进行操作练习。

2. 设备条件

使用 DS_3 型水准仪，精度为每千米中误差±3mm，要求状态良好，无部件损坏情况；与仪器配套的支架要求架头牢固，架腿伸缩自如，螺钉应固紧，架身无晃动，架腿支好后无滑动现象，如图 3.1 所示。

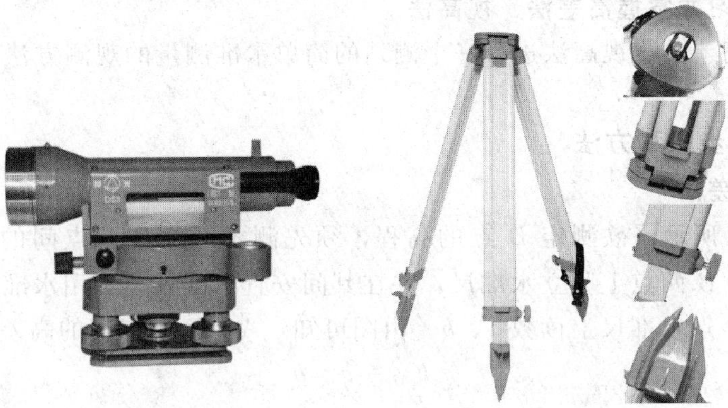

(a) DS_3型水准仪　　(b) 水准仪架腿

图 3.1　DS_3 型水准仪及架腿

3. 工具及材料条件

每组准备 3m 长的塔尺 1 根类型如图 3.2 所示。

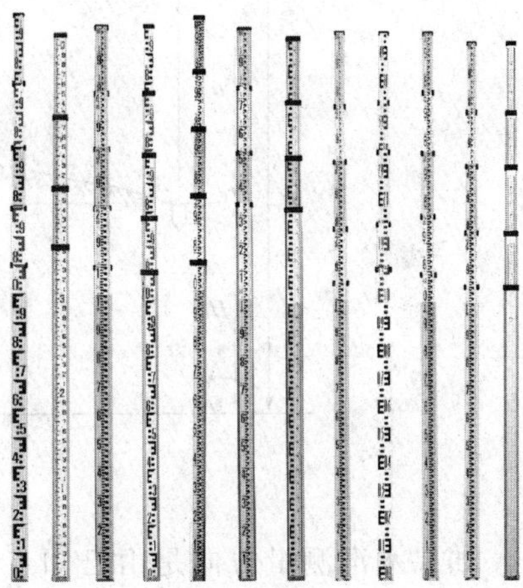

图 3.2　不同类型塔尺

3.1.2.2　教师准备

提前布置实训任务，让学生预习有关知识；按照预先的每 5 人分一组，准备好实训材料和工具，制定好实训程序和步骤，指导学生进行实训活动。

3.1.2.3　学生准备

做好知识的预习与储备，掌握水准测量的方法；提前分析测量高差的工作程序，严格遵照实训指导书的操作要求和注意事项，按照组内分工积极参与实训活动。

3.1.2.4　安全与文明要求

学生听从指导教师的安排及指挥，不在测量作业面上相互打闹；保护好测量仪器及工具；遵守测量实训须知的安全与文明要求；主动保护模拟施工场地上的各种测量标记，发现标记移动或损毁后要第一时间上报指导教师。

3.1.2.5　参考资料

《工程测量规范》（GB 50026—2022）、《工程测量员国家职业标准》（6-01-02-04）、《水利水电工程施工测量规范》（SL 52—2015）、《工程测量通用规范》（GB 55018—2021）。

3.1.3 实训内容

3.1.3.1 认识仪器并掌握仪器的使用操作步骤

了解 DS_3 型水准仪各部分构造组成的名称、位置和作用。掌握 DS_3 型水准仪的架设、粗略整平、瞄准、精平与读数各个操作环节的操作，掌握该仪器的使用方法，熟悉水准尺的分画注记，精确读数。

3.1.3.2 练习并掌握高差法、视高法

掌握用高差法、视高法进行一个测站的简单水准测量的观测方法，完成记录及计算等内业。

3.1.4 实训步骤和方法

3.1.4.1 高差法

如图 3.3 所示，欲测定 B 点的高程，须先测定 A、B 两点间的高差 h_{AB}。为此，可在 A、B 两点上竖立水准尺，并在其间安置水准仪，利用水准仪的水平视线分别在 A、B 点水准尺上读数 a、b。由图可知，A、B 两点间的高差公式为

$$h_{AB}=a-b \tag{3.1}$$

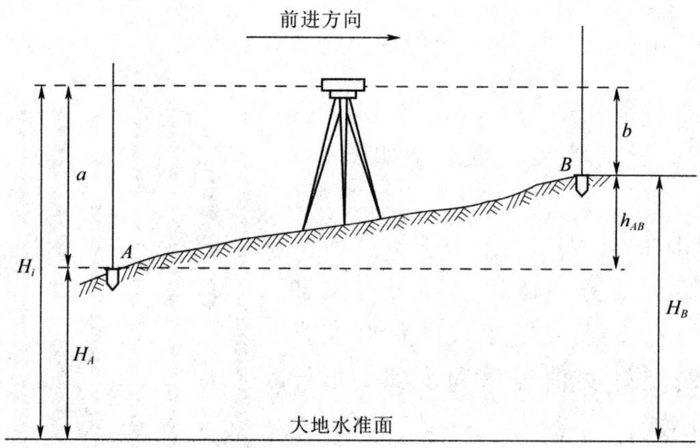

图 3.3 高差法

如果水准测量方向是由已知点 A 到待定点 B 进行的，则 A 点为后视，a 为后视读数；B 点为前视，b 为前视读数。A、B 两点间的高差等于后视读数减去前视读数。当读数 $a>b$ 时，高差为正值，说明 B 点高于 A 点；反之，当读数 $a<b$ 时，则高差为负值说明 B 点低于 A 点。如果已知 A 点高程为 H_A 和测得高差为 h_{AB}，则 B 点高程为

$$H_B=H_A+h_{AB} \tag{3.2}$$

以上利用高差计算高程的方法，称为高差法。

3.1.4.2 视高法

通常把水准仪望远镜水平视线的高程称为视线高程或仪器高程，用 H_i 表示。由图 3.3 可知，B 点高程可以通过仪器的视线高 H_i 计算：

$$\left.\begin{aligned} H_i &= H_A + a \\ H_B &= H_i - b \end{aligned}\right\} \tag{3.3}$$

由式（3.3）用视线高程计算 B 点高程的方法，称为视线高程法，也叫仪器高法。当需要安置一次仪器测多个前视点高程时，如图 3.4 所示需要测量道路中线上多个中桩点的高程时，利用视线高程法比较方便。

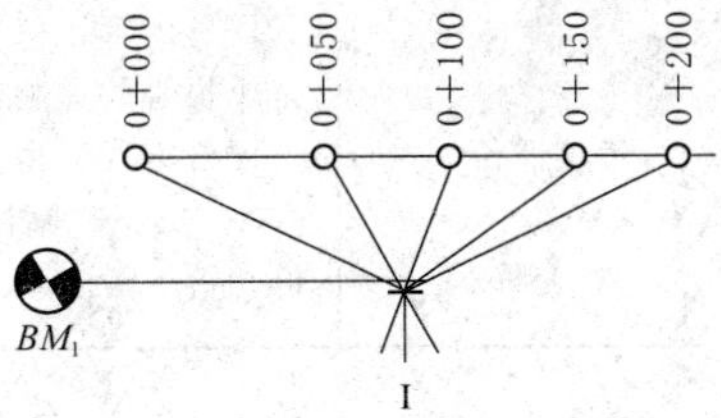

图 3.4 视线高程法

3.1.5 注意事项

（1）正确使用仪器各部分螺旋，应注意对螺旋不能用力强拧，以防损坏。

（2）瞄准目标读数前必须消除视差，并使符合水准器气泡居中。

（3）注意水准尺上标记与刻画的对应关系，避免读数发生错误。

（4）水准尺必须扶竖直，掌握标尺刻画规律，不管上下，只管由小到大。

3.1.6 高差法和视线高法实训报告

实训任务书见表 3.1，任务记录表格——高差法见表 3.2，任务记录表格——视高法见表 3.3，实训考核评价表见表 3.4。

表 3.1　　实 训 任 务 书

实训任务	高差测量			建议学时	3
班　　级		学生姓名		工作日期	
实训目标	1. 掌握 DS_3 型水准仪各部分构造组成的名称、位置和作用。 2. 掌握测量仪器的开箱、拿取、使用及装箱的相关注意事项。 3. 掌握 DS_3 型水准仪的架设、粗略整平、瞄准、精平与读数各个操作环节的操作。 4. 掌握用高差法、视高法进行一个测站的简单水准测量的观测方法				
实训内容	1. 认识仪器并掌握仪器的使用操作步骤。了解 DS_3 型水准仪各部分构造组成的名称、位置和作用。掌握 DS_3 型水准仪的架设、粗略整平、瞄准、精平与读数各个操作环节的操作，掌握该仪器的使用方法，熟悉水准尺的分画注记，精确读数。 2. 练习并掌握高差法、视高法。掌握用高差法、视高法进行一个测站的简单水准测量的观测方法，完成记录及计算等内业计算				
安全须知	学生听从指导教师的安排及指挥，不在测量作业面上相互打闹；保护好测量仪器及工具；遵守测量实训须知的安全与文明要求；主动保护模拟施工场地上的各种测量标记，发现标记移动或损毁后要第一时间上报指导教师				
提交成果	实训报告				
对学生的要求	1. 具备高程测量的基础知识。 2. 具备水准仪构造的知识。 3. 具备几何方面的基础知识。 4. 具备一定的实践动手能力、自学能力、数据计算能力、一定的沟通协调能力、语言表达能力和团队意识。 5. 严格遵守课堂纪律，不迟到、不早退；学习态度认真、端正。 6. 每位同学必须积极参与小组讨论。 7. 完成“高差法和视线高程法”实训报告				

续表

实训任务	高差测量	建议学时	3
考核评价	评价内容：仪器操作正确性和工作效率评价；测量数据的正确性、完整性评价；完成报告的完整性评价；安全文明和合作性评价等。 评价方式：由学生自评（自述、评价，占10%）、小组评价（分组讨论、评价，占20%）、教师评价（根据学生学习态度、工作报告及现场抽查知识或技能进行评价，占70%）构成该同学该任务成绩		

表 3.2　　任务记录表格——高差法

测　点	后视读数	前视读数	高差		高程/m	备注
			+	—		
					50.000	已知水准点
						待定水准点
						待定水准点
						待定水准点

表 3.3　　任务记录表格——视高法

测站	测　点	后视读数	前视读数	高差		高程/m	备注
				+	—		
1						364.000	已知水准点

表 3.4　　实训考核评价表

考核项目	考核内容及要求	分值	学生自评	小组评分	教师评分	实得分数
准备工作（20）	准备工作完整性	10				
	实训步骤内容描述	8				
	知识掌握完整程度	2				
工作过程（45）	测量数据正确性、完整性	10				
	测量精度评价	5				
	报告完整性	30				

续表

考核项目	考核内容及要求	分值	学生自评	小组评分	教师评分	实得分数
基本操作（10）	操作程序正确	5				
	操作符合限差要求	5				
安全文明（10）	叙述工作过程应注意的安全事项	5				
	工具正确使用和保养、放置规范	5				
完成时间（5）	能够在要求的 90 分钟内完成，每超时 5 分钟扣 1 分	5				
合作性（10）	独立完成任务得满分	10				
	在组内成员帮助下得 6 分					
总分		100				

任务 3.2　闭合水准路线测量

3.2.1　实训目标

（1）掌握闭合水准测量的观测程序，掌握闭合水准测量的记录和检核的方法。

（2）掌握闭合水准测量的计算方法，能够进行水准测量的闭合差调整，掌握推求待定点高程的方法。

3.2.2　实训准备与要求

3.2.2.1　实训准备

1. 场地条件

准备光线充足的室内或室外场地，无雨天的室外是最好的，室外场地可以选择宽阔的广场或路边人行道上进行操作练习，路线长度不小于 400m。

2. 设备条件

使用 DS_3 型水准仪，精度为每公里中误差±3mm，要求状态良好，无部件损坏情况；与仪器配套的支架要求架头牢固，架腿伸缩自如，螺钉应固紧，架身无晃动，架腿支好后无滑动现象。

3. 工具及材料条件

每组准备 3m 长的塔尺 2 根。

3.2.2.2　教师准备

提前布置实训任务，让学生预习有关知识；按照预先的每 5 人分一组，准备好实训材料和工具，制定好实训程序和步骤，指导学生进行实训活动。

3.2.2.3 学生准备

做好知识的预习与储备，掌握水准测量的方法；提前分析闭合水准路线测量的工作程序，严格遵照实训指导书的操作要求和注意事项，按照组内分工积极参与实训活动。

3.2.2.4 安全与文明要求

学生听从指导教师的安排及指挥，不在测量作业面上相互打闹；保护好测量仪器及工具；遵守测量实训须知的安全与文明要求；主动保护模拟施工场地上的各种测量标记，发现标记移动或损毁后要第一时间上报指导教师。

3.2.2.5 参考资料

《工程测量规范》（GB 50026—2022）、《工程测量员国家职业标准》（6-01-02-04）、《水利水电工程施工测量规范》（SL 52—2015）、《工程测量通用规范》（GB 55018—2021）。

3.2.3 实训内容

利用自动安平水准仪完成闭合水准路线测量工作，从起始水准点（其位置确定，高程已知）出发，按照指定线路进行测量预先设置的水准点高程，最后返回到起始水准点；完成必要记录和计算；并求出高差闭合差；进行闭合差分配。

3.2.4 实训步骤和方法

水准测量方法

由于模拟训练的学校校园内地势起伏较小，1km之内设置测站数最小可以达到8个，故按照平原地形去考虑测量闭合差允许值，在测量工作进行前即确定按照测段距离进行改正高差，需要测定每个测站的视距。

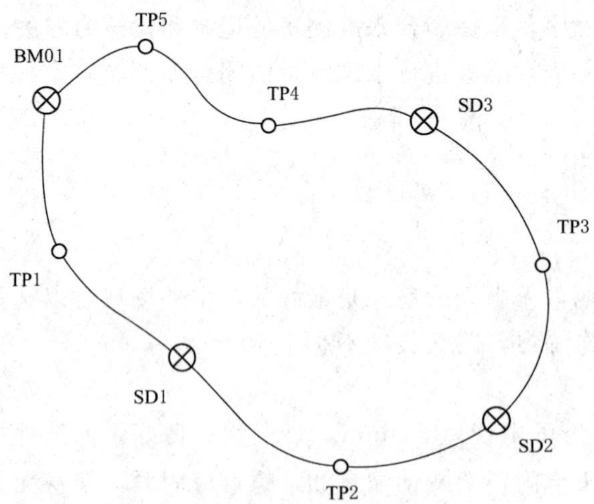

图3.5 闭合水准路线测量示意图

（1）以背离已知点BM01方向为前进方向，在预先设置的SD1、SD2、SD3水准点间设置若干转点（图3.5）。第1测站安置水准仪在BM01点与转点1（TP1）之间，前后距离大致相等，其视距不得超过100m，整平水准仪。

（2）操作程序是后视BM01水准点上的水准尺，读取后视尺上中下三丝读数，中丝记入测量记录手簿中相应位置，用上下丝读数计算后视单向视距，记录；旋转望远镜至TP1点上的水准尺，读数，中丝记入测量记录手簿中相应位置，用上下丝读数计算前视单向视距，记录；然后立即计算该站的高差、前后视距和。

（3）迁至第2测站，继续上述操作程序，经过预先设置的SD1、SD2、SD3水准点，直至最后回到BM01点。

（4）成果整理。水准测量的外业工作完成以后即可进行内业计算。在计算之前，首先应该复查外业观测数据是否符合要求，高差计算是否正确，然后按照水准路线中的已知数据进行闭合差的计算，如果闭合差在允许的范围内，即可进行闭合差的调整，最后算出各点的高程。

1）限差的计算。对于普通水准测量，规定允许高差闭合差 $f_{h允}$ 为

平地 $$f_{h允}=\pm 40\sqrt{L}\quad (\text{mm}) \tag{3.4}$$

山地 $$f_{h允}=\pm 12\sqrt{n}\quad (\text{mm}) \tag{3.5}$$

式中 L——水准路线总长度，km，支水准路线的路线长 L 以单程计；

n——水准路线的测站总数，支水准路线的测站数 n 单程计。

如高差闭合差不超过允许闭合差，可进行后续计算。如高差闭合差超过允许闭合差，应先检查已知数据有无抄错，再检查计算有无错误，当确认内业计算无误后，应根据外业测量中的具体情况，分析可能产生较大误差的测段并进行野外检测，直到符合限差要求。

2）高差闭合差的调整。各测段高差的改正数为

$$V_i=-(f_h/\sum L)\times L_i \tag{3.6}$$

或 $$V_i=-(f_h/\sum n)\times n_i \tag{3.7}$$

式中 L_i——各测段的路线之长，km；

n_i——各测段的测站数。

注意：每一水准路线各段的高差调整值之和一定要与高差闭合差大小相等，符号相反。即高差改正数计算校核式为$\sum v_i=-f_h$，若满足则说明计算无误。

3）计算改正后高差。等于第 i 测段观测高差 h_i 加上其相应的高差改正数 v_{h_i}，即

$$\hat{h}_i=h_i+v_{h_i} \tag{3.8}$$

4）高程计算。用水准路线起点的高程加上第一测段改正后的高差，即等于第一个点的高程。用第一个点的高程加上第二测段改正后的高差，即等于第二个点的高程。以此类推，直至计算结束。

3.2.5 注意事项

（1）正确使用仪器各部分螺旋，应注意对螺旋不能用力强拧，以防损坏。

（2）读数前必须消除视差，注意水准尺上标记与刻画的对应关系，避免读数发生错误。

（3）如使用尺垫，注意在已知点 A 和待定点 B 上不能放置尺垫，但在松软的转点上必须使用尺垫，在仪器迁站时，前视点的尺垫不能移动。

（4）弄清每一个测站的前视点、后视点、前视读数、后视读数、转点的概念，不要混淆。

（5）分清测量路线、测段、测站的概念。

（6）测量记录要认真，计算要精确，一旦有错将会影响后面的所有测量，造成后面全部结果的错误。

（7）搞清楚已知水准点位置只有后视读数，待测点只有前视读数，转点上既有后视读数又有前视读数。

（8）各测站的视线高度不一样，也就是视线高程不一样。

3.2.6 闭合水准测量实训报告

实训任务书见表3.5，闭合水准路线测量考核记录表见表3.6，闭合水准路线平差计算表见表3.7，实训考核评价表见表3.8。

表3.5　　　　实训任务书

<table>
<tr><td>实训任务</td><td colspan="3">闭合水准路线测量</td><td>建议学时</td><td>4</td></tr>
<tr><td>班　　级</td><td></td><td>学生姓名</td><td></td><td>工作日期</td><td></td></tr>
<tr><td>实训目标</td><td colspan="5">1. 掌握闭合水准测量的观测程序，掌握闭合水准测量的记录和检核的方法。
2. 掌握闭合水准测量的计算方法，能够进行水准测量的闭合差调整，掌握推求待定点高程的方法</td></tr>
<tr><td>实训内容</td><td colspan="5">利用自动安平水准仪完成闭合水准路线测量工作，从起始水准点BM01（其位置确定，高程已知）出发，按照指定线路进行测量预先设置的SD1、SD2、SD3水准点高程，最后返回到起始水准点BM01；完成必要记录和计算；并求出高差闭合差；进行闭合差分配</td></tr>
<tr><td>安全须知</td><td colspan="5">学生听从指导教师的安排及指挥，不在测量作业面上相互打闹；保护好测量仪器及工具；遵守测量实训须知的安全与文明要求；主动保护模拟施工场地上的各种测量标记，发现标记移动或损毁后要第一时间上报指导教师</td></tr>
<tr><td>提交成果</td><td colspan="5">实训报告</td></tr>
<tr><td>对学生的要求</td><td colspan="5">1. 具备高程测量的基础知识。
2. 具备水准仪操作的基础知识。
3. 具备水准路线的基础知识。
4. 具备一定的实践动手能力、自学能力、数据计算能力、一定的沟通协调能力、语言表达能力和团队意识。
5. 严格遵守课堂纪律，不迟到、不早退；学习态度认真、端正。
6. 每位同学必须积极参与小组讨论。
7. 完成“闭合水准路线测量”实训报告</td></tr>
<tr><td>考核评价</td><td colspan="5">评价内容：仪器操作正确性和工作效率评价；测量数据的正确性、完整性评价；完成报告的完整性评价；安全文明和合作性评价等。
评价方式：由学生自评（自述、评价，占10%）、小组评价（分组讨论、评价，占20%）、教师评价（根据学生学习态度、工作报告及现场抽查知识或技能进行评价，占70%）构成该同学该任务成绩</td></tr>
</table>

表 3.6　　闭合水准路线测量考核记录表

测站号	测点	水准尺读数/m		高差 h/m	高程/m	单向距离（视距）	测站视距
		后视 a/m	前视 b/m				
					50.000		
Σ							
计算校核		$\sum a-\sum b=$		$\sum h=$			

表 3.7　　闭合水准路线平差计算表

点号	距离/km	实测高差/m	改正值/mm	改正后高差/m	高程/m	备注
BM01					50.000	已知
SD1						待定点
SD2						待定点
SD3						待定点
BM01						
Σ						
辅助计算						

表 3.8　　实训考核评价表

考核指标	指标内涵	分值	学生自评	小组评分	教师评分	实得分数
准备工作（20）	准备工作完整性	10				
	实训步骤内容描述	8				
	知识掌握完整程度	2				
工作过程（45）	测量数据正确性、完整性	10				
	测量精度评价	5				
	报告完整性	30				
基本操作（10）	操作程序正确	5				
	操作符合限差要求	5				
安全文明（10）	叙述工作过程应注意的安全事项	5				
	工具正确使用和保养、放置实训设备	5				
完成时间（5）	能够在要求的90分钟内完成，每超时5分钟扣1分	5				
合作性（10）	独立完成任务得满分	10				
	在组内成员帮助下得6分					
总分		100				

任务3.3　角　度　测　量

水平角测量原理

3.3.1　实训目标

（1）能够熟练进行经纬仪的基本操作。

（2）能够熟练掌握测回法测量水平角的方法。

（3）能够正确进行记录、计算，计算限差并正确进行角度平差。

3.3.2　实训准备与要求

3.3.2.1　实训准备

1. 场地条件

准备光线充足的室内或室外场地，无雨天的室外是最好的，场地长宽至少10m。可以选择宽阔的广场或路边人行道上进行操作练习。

2. 设备条件

使用DJ2光学经纬仪，测角精度为2s，要求状态良好，无部件损坏情况；与仪器配套的支架要求架头牢固，架腿伸缩自如，螺钉应固紧，架身无晃动，架腿支好后无滑动现象。

3. 工具及材料条件

准备立点定向的标杆（红白 20cm 相间标示）两根，画点用记号笔或白板笔。

3.3.2.2 教师准备

提前布置实训任务，让学生预习有关知识；按照预先的每 10 人分组，准备好实训材料和工具，制定好实训程序和步骤，指导学生进行实训活动。

3.3.2.3 学生准备

做好知识的预习与储备，掌握测回法测量水平角的方法；提前分析测量三角形内角的工作程序，严格遵照实训指导书的操作要求和注意事项，按照组内分工积极参与实训活动。

3.3.2.4 安全与文明要求

学生听从指导教师的安排及指挥，不在测量作业面上相互打闹；保护好测量仪器及工具；遵守测量实训须知的安全与文明要求；主动保护模拟施工场地上的各种测量标记，发现标记移动或损毁后要第一时间上报指导教师。

3.3.2.5 参考资料

《工程测量规范》(GB 50026—2022)、《工程测量员国家职业标准》(6-01-02-04)、《水利水电工程施工测量规范》(SL 52—2015)、《工程测量通用规范》(GB 55018—2021)。

3.3.3 实训内容

设 A、B、C 是地面上相互通视的三点（图 3.6），用测回法测出三角形三个内角 A、B、C 的角值。要求每位同学独立观测一测回，前后两个半测回的角度之差不超过 45″，组内另外的同学观测时，改变水平度盘起始方向的位置，另观测一个测回记录在自己的记录表格中；每名同学均填写记录表格及并进行计算，写出平差过程及平差结果。

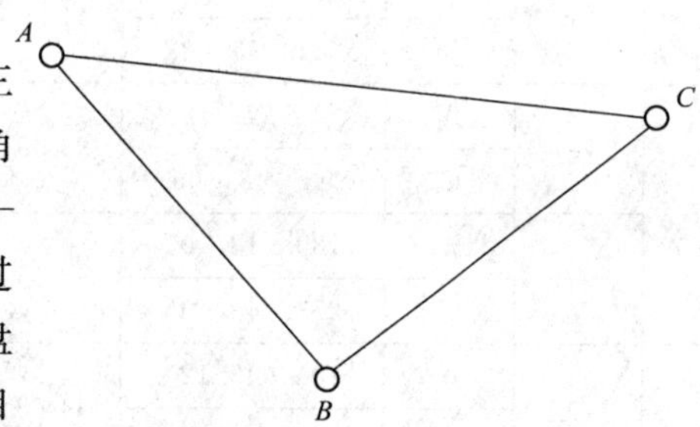

图 3.6 地面上三角形点位示意图

3.3.4 实训步骤和方法

如图 3.6 所示，具体的实训步骤如下：

(1) A 点建站（首先安置经纬仪于 A 点，记录于表 3.9 第 1 栏），对中、整平操作后，以盘左位置（记录于表 3.9 第 2 栏）先瞄准左方目标 C（记录于表 3.9 第 3 栏），读数后，及时记入表中（记录于表 3.9 第 4 栏 C 对应读数位置），再瞄准右方目标 B（记录于表 3.9 第 3 栏），读数后记录入表（记录于表 3.9 第 4 栏 B 对应读数位置），并计算出上半测回的角度值（记录于表 3.9 第 5 栏）。倒镜，以盘右的位置（记录于表 3.9 第 2 栏）再测下半测回，先瞄准右方目标 B（记录于表 3.9 第 3 栏），再瞄准左方目标 C（记录于表 3.9 第 3 栏），读数后记录入表（记录于表 3.9 第 4 栏 B、C 对应读数位置），计算出下半测回的角度值（记录于表 3.9 第 5 栏）。若两个半个测回之差不超过 45″，则取平均值，作为这一测回的结果（记录于表 3.9 第 6 栏）。若超过 45″，则应返工重测。直到符合精度要求，求出这一测回的结

水平角观测

果为止。得到∠CAB 的角值。

(2) B 点建站（安置仪器于 B 点），同上操作，测得∠ABC 的角值。

(3) C 点建站（安置仪器于 C 点），同上，测得∠ACB 的角值。

(4) 检查实际测得△ABC 的三个角之和与 180°相差多少，即角度闭合差 $f_\beta=\sum\beta-180°$（记录于表 3.9 第 7 栏），其与 $f_{\beta允}=\pm40\sqrt{n}''$ 比较。

(5) 若 $f_\beta>f_{\beta允}$，说明角度测量超限，需要重测；若 $f_\beta<f_{\beta允}$，则说明角度测量符合要求，但是存在误差，需要改正，改正的原则是将 f_β 反符号平均分配回每个角去，即改正角度值 $V_{\beta改}=-f_\beta/n$（记录于表 3.9 第 8 栏），则正确的内角值：

$\beta_正=\beta_测+V_{\beta改}$（记录表 3.9 第 9 栏）。

表 3.9 三角形内角观测记录表示例

仪器号：BW00325 天气：晴朗、28℃ 记录：刘×

测站	竖盘位置	目标点	水平度盘读数/(° ′ ″)	半测回角值/(° ′ ″)	一测回角值/(° ′ ″)	角度闭合差	角度改正值/(″)	改正后的内角值/(° ′ ″)
1	2	3	4	5	6	7	8	9
A	左	C	0 08 18	41 26 42	41 26 44	+12″	−4	41 26 40
		B	41 35 00					
	右	C	180 08 46	41 26 46				
		B	221 35 32					
B	左	A	0 12 18	93 35 18	93 35 27		−4	93 35 23
		C	93 48 06					
	右	A	180 13 00	93 35 36				
		C	273 48 36					
C	左	B	0 04 12	44 58 02	44 58 01		−4	44 57 57
		A	45 02 14					
	右	B	180 04 22	44 58 00				
		A	225 02 22					

3.3.5 注意事项

(1) 安置仪器时，脚架要稳固，脚架的固定螺旋应拧紧（注意松紧的方向，勿乱拧），中心螺旋也要适当拧紧。

(2) 观测时，立在点位上的花杆应尽量竖直，尽可能用十字丝交点瞄准花杆根部，最好能瞄准桩心的点位。

(3) 在观测左方目标后，进而观测右方目标时，切不可转动度盘。

(4) 在计算角度值时，若右目标读数小，则应在右目标读数上加 360°后，再减左目标读数。

3.3.6 测量三角形内角和实训报告

实训任务书见表 3.10，三角形内角观测记录表见表 3.11，实训考核评价表见表 3.12。

表3.10　　实训任务书

实训任务	测量三角形内角和			建议学时	3
班　　级		学生姓名		工作日期	
实训目标	1. 能够熟练进行经纬仪的基本操作。 2. 能够熟练掌握测回法测量水平角的方法。 3. 能够正确进行记录、计算，计算限差并正确进行角度平差				
实训内容	设 A、B、C 是地面上相互通视的三点，用测回法测出三角形三个内角 A、B、C 的角值。要求每位同学独立观测一测回，前后两个半测回的角度之差不超过 45″，组内另外的同学观测时，改变水平度盘起始方向的位置，另观测一个测回记录在自己的记录表格中；每名同学均填写记录表格及并进行计算，写出平差过程及平差结果				
安全须知	学生听从指导教师的安排及指挥，不在测量作业面上相互打闹；保护好测量仪器及工具；遵守测量实训须知的安全与文明要求；主动保护模拟施工场地上的各种测量标记，发现标记移动或损毁后要第一时间上报指导教师				
实习成果	实训报告				
实训要求	1. 具备角度测量的基础知识。 2. 具备几何方面和经纬仪操作的基础知识。 3. 具备一定的实践动手能力、自学能力、数据计算能力、一定的沟通协调能力、语言表达能力和团队意识。 4. 严格遵守课堂纪律，不迟到、不早退；学习态度认真、端正。 5. 每位同学必须积极参与小组讨论。 6. 完成“测量三角形内角和”实训报告				
考核评价	评价内容：仪器操作正确性和工作效率评价；测量数据的正确性、完整性评价；完成报告的完整性评价；安全文明和合作性评价等。 评价方式：由学生自评（自述、评价，占10%）、小组评价（分组讨论、评价，占20%）、教师评价（根据学生学习态度、工作报告及现场抽查知识或技能进行评价，占70%）构成该同学该任务成绩				

表3.11　　三角形内角观测记录表

仪器号：________　天气：________　记录：________

测站	竖盘位置	目标点	水平度盘读数/(° ′ ″)	半测回角值/(° ′ ″)	一测回角值/(° ′ ″)	内角和及角度闭合差	角度改正值/(″)	改正后的内角值/(° ′ ″)
1	2	3	4	5	6	7	8	9

表 3.12 实训考核评价表

考核指标	指标内涵	分值	学生自评	小组评分	教师评分	实得分数
准备工作（20）	准备工作完整性	10				
	实训步骤内容描述	8				
	知识掌握完整程度	2				
工作过程（45）	测量数据正确性、完整性	10				
	测量精度评价	5				
	报告完整性	30				
基本操作（10）	操作程序正确	5				
	操作符合限差要求	5				
安全文明（10）	叙述工作过程应注意的安全事项	5				
	工具正确使用和保养、放置实训设备	5				
完成时间（5）	能够在要求的90分钟内完成，每超时5分钟扣1分	5				
合作性（10）	独立完成任务得满分	10				
	在组内成员帮助下得6分					
总分		100				

任务3.4 距离测量

全站仪测距

3.4.1 实训目标

（1）了解全站仪的构造、各部件的名称及作用。

（2）熟悉全站仪的操作界面及作用。

（3）能用全站仪进行距离测量。

3.4.2 实训准备与要求

3.4.2.1 实训准备

1. 场地条件

准备光线充足的室内或室外场地，无雨天的室外是最好的。室内场地长至少20m，宽度至少5m，室外可以选择宽阔的广场或路边人行道上进行操作练习。

2. 设备条件

全站仪一台；与仪器配套的支架要求架头牢固，架腿伸缩自如，螺钉应固紧，架身无晃动，架腿支好后无滑动现象。

3. 工具及材料条件

棱镜一个，自备2H铅笔等。

3.4.2.2 教师准备

提前布置实训任务，让学生预习有关全站仪距离测量知识；按照预先的每10人分一组，准备好实训材料和工具，制定好实训程序和步骤，指导学生进行实训活动。

3.4.2.3 学生准备

做好知识的预习与储备，掌握有关视距测量知识；提前分析本任务的工作程序，严格遵照实训指导书的操作要求和注意事项，按照组内分工积极参与实训活动。

3.4.2.4 安全与文明要求

学生听从指导教师的安排及指挥，不在测量作业面上相互打闹；保护好测量仪器及工具；遵守测量实训须知的安全与文明要求；主动保护模拟施工场地上的各种测量标记，发现标记移动或损毁后要第一时间上报指导教师。

3.4.2.5 参考资料

《工程测量规范》(GB 50026—2022)、《工程测量员国家职业标准》(6-01-02-04)、《水利水电工程施工测量规范》(SL 52—2015)、《工程测量通用规范》(GB 55018—2021)。

3.4.3 实训内容

在指定实训场地内地面上寻找确定的两个点 A、B。以小组为单位，轮流抽两位同学用全站仪测定直线 AB 的水平距离，将数据填记在表格中并完成相应高差计算工作。

3.4.4 实训步骤和方法

3.4.4.1 设置温度和气压

预先测得测站周围的温度和气压，进入设置页面进行设置，如图3.7所示。

步骤	操作	操作过程	显示
第1步	按◢键	进入距离测量模式	HR: 170° 30′ 20″ HD: 235.343m VD: 36.551m 测量 模式 S/A P1↓
第2步	按F3键	进入设置。 用温度计和气压计测得测站周围的温度和气压	设置音响模式 PSM: 0.0 PPM: 2.0 信号:[||||||] 棱镜 PPM T-P ---
第3步	按F3键	按F3键执行[T-P]	温度和气压设置 温度：→ 15.0℃ 气压： 1013.2hPa 输入 --- --- 回车
第4步	按F1键输入温度 按F4键输入气压	按F1键执行[输入]输入温度与气压。按F4键执行[回车]确认输入	温度和气压设置 温度：→ 25.0℃ 气压： 1017.5hPa 输入 --- --- 回车
备注	温度输入范围：-30~60℃（步长0.1℃）或-22~140℉（步长0.1℉）。 气压输入范围：560~1066hPa（步长0.1hPa）或420~800mmHg（步长0.1mmHg）或16.5~31.5inHg（步长0.1inHg）。 如果根据输入的温度和气压算出的大气改正值超过±999.9ppm范围，则操作过程自动返回到第4步，重新输入数据		

图3.7 设置温度和气压

3.4.4.2 棱镜常数的设置

根据不同棱镜的棱镜常数进行相应的设置，需要注意的是，一旦设置了棱镜常数，则关机后该常数仍被保存。棱镜常数的设置如图 3.8 所示。

步骤	操作	操作过程	显示
第1步	F3	由距离测量或坐标测量模式按F3（S/A）键	设置音响模式 PSM：-30.0　PPM：0.0 信号：[❙❙❙❙❙❙] 棱镜　PPM　T-P　---
第2步	F1	按F1（棱镜）键	棱镜常数设置 棱镜：　0.0mm 输入 --- --- 回车
第3步	F1 输入数据 F4	按F1（输入）键输入棱镜常数改正值×1，按F4确认，显示屏返回到设置模式	设置音响模式 PSM：-30.0　PPM：0.0 信号：[❙❙❙❙❙❙] 棱镜　PPM　T-P　---
输入范围：-99.9~99.9mm步长0.1mm			

图 3.8　棱镜常数的设置

3.4.4.3 距离测量

距离测量步骤如图 3.9 所示。

操作过程	操作	显示
照准棱镜中心	照准	V:　90° 10′ 20″ HR:　170° 30′ 20″ H-蜂鸣　R/L　竖角　P3↓
按◢键，距离测量开始1~2s后显示测距结果，其中 HD——水平距离； VD——高差（全站仪望远镜中心至棱镜中心）	◢	HR:　170° 30′ 20″ HD*[r]　<<m VD:　m 测量　模式　S/A　P1↓ HR:　170° 30′ 20″ HD*　235.343m VD:　36.551m 测量　模式　S/A　P1↓
显示测量的距离，记录之再次按◢键，显示斜距（SD），同时显示水平角（HR）和垂直角（V）	◢	V:　90° 10′ 20″ HR:　170° 30′ 20″ SD*　241.551m 测量　模式　S/A　P1↓

图 3.9　距离测量步骤

3.4.5 全站仪测距实训报告

实训任务书见表 3.13，全站仪测距表见表 3.14，实训考核评价表见表 3.15。

表 3.13 实训任务书

实训任务	全站仪测距		建议学时	2
班　级		学生姓名		工作日期	
实训目标	1. 了解全站仪的构造、各部件的名称及作用。 2. 熟悉全站仪的操作界面及作用。 3. 能用全站仪进行距离测量				
实训内容	在指定实训场地内地面上寻找确定的两个点 A、B。以小组为单位，轮流抽两位同学用全站仪测定直线 AB 的水平距离，将数据填记在表格中并完成相应高差计算工作				
安全须知	学生听从指导教师的安排及指挥，不在测量作业面上相互打闹；保护好测量仪器及工具；遵守测量实训须知的安全与文明要求；主动保护模拟施工场地上的各种测量标记，发现标记移动或损毁后要第一时间上报指导教师				
提交成果	实训报告				
对学生的要求	1. 具备全站仪操作的基础知识。 2. 具备几何方面的基础知识。 3. 具备水平距离量测的理论知识。 4. 具备一定的实践动手能力、自学能力、数据计算能力、一定的沟通协调能力、语言表达能力和团队意识。 5. 严格遵守课堂纪律，不迟到、不早退；学习态度认真、端正。 6. 每位同学必须积极参与小组讨论。 7. 完成"视距测量"实训报告				
考核评价	评价内容：仪器操作正确性和工作效率评价；测量数据的正确性、完整性评价；完成报告的完整性评价；安全文明和合作性评价等。 评价方式：由学生自评（自述、评价，占 10%）、小组评价（分组讨论、评价，占 20%）、教师评价（根据学生学习态度、工作报告及现场抽查知识或技能进行评价，占 70%）构成该同学该任务成绩				

表 3.14 全站仪测距表

组别：________ 全站仪号码：________ ____年__月__日

测　点	镜　点	距离/m	备　注

表 3.15　　　　实训考核评价表

考核指标	指标内涵	分值	学生自评	小组评分	教师评分	实得分数
准备工作（20）	准备工作完整性	10				
	实训步骤内容描述	8				
	知识掌握完整程度	2				
工作过程（45）	测量数据正确性、完整性	10				
	测量精度评价	5				
	报告完整性	30				
基本操作（10）	操作程序正确	5				
	操作符合限差要求	5				
安全文明（10）	叙述工作过程应注意的安全事项	5				
	工具正确使用和保养、放置实训设备	5				
完成时间（5）	能够在要求的90分钟内完成，每超时5分钟扣1分	5				
合作性（10）	独立完成任务得满分	10				
	在组内成员帮助下得6分					
总分		100				

思政园地：“测绘精神　传承有我”——珠峰高程数字背后的故事

2020年5月，国测一大队第7次测量珠峰高度，最终测定珠穆朗玛峰的最新高程为8848.860m，向世界展示了我国测绘科技的巨大成就。

国测一大队成立于1954年，是我国成立最早的专业地理测绘队伍。中华人民共和国成立不久，提出“精确测量珠峰高度，绘制珠峰地区地形图”，并将其列入全国最有科学价值和国际意义的项目之一。毛泽东、周恩来等老一辈党和国家领导人非常关心珠峰测绘，因为当时珠峰的相关数据被外国“测量权威”垄断，甚至连我国版图也只能使用他们的数据。这一光荣而艰巨的任务落在了国测一大队肩上。1975年，国测一大队派出8名队员，联合军测、登山队向珠峰进发，大家身负四五十斤重的仪器，攀悬崖爬冰山，避冰缝躲雪崩，在生命禁区奋战80多天，将测量觇标牢牢矗立于珠峰之巅。7月23日，中国政府向全世界庄严宣布珠峰海拔高度为8848.130m。这个精确的“中国高度”，迅速得到了联合国教科文组织和各国的承认。

项目 4

坐 标 测 量

【学习目标】

通过学习直线定向，了解方向线的概念，并以此为基础掌握坐标正反算的方法，为后续导线测量、控制测量的内业计算奠定基础。计算出定向用的坐标后，进一步学习全站仪坐标测量的方法，达到根据已知数据确定测站方向并完成点位坐标测量的工作任务，使学生在学习的工作中锻炼专业能力、方法能力和社会能力等综合职业能力。

【情感、态度与价值观目标】

1. 方向测量及坐标测量实训操作以小组的形式开展，养成科学、缜密、严谨求实的思想作风和团结协作能力。

2. 通过大量的计算，培养学生的逻辑思维能力和精益求精的工匠精神。

3. 实训过程中要爱护仪器，轻拿轻放，螺旋扭动时要轻转，培养良好的职业道德。

4. 通过项目成果报告写作的训练，引导学生组织语言，科学严谨地描述作业流程，培养德智体美劳全面发展的社会主义建设者和接班人。

任务 4.1 方 向 测 量

4.1.1 实训目标

(1) 掌握直线定向的概念。

(2) 能够使用罗盘仪测定直线磁方位角。

4.1.2 实训准备与要求

4.1.2.1 实训准备

1. 场地准备

可选择校内实训场进行，已知一个控制点坐标。

2. 设备准备

(1) 罗盘仪，要求状态良好，无部件损坏，如图 4.1 所示。

图 4.1 罗盘仪

(2) 三脚架，与仪器配套的支架要求架头牢固，架腿伸缩自如，螺钉应固紧，架身无晃动，架腿支好后无滑动现象。

（3）镜站一套，安置于目标点处。

4.1.2.2 教师准备

提前在教学平台布置实训任务，发布方向测量微课视频，让学生预习有关知识及操作步骤；按照预先的每 4 人分一组，准备好实训设备，制定好实训程序和步骤，指导学生进行实训活动。

4.1.2.3 学生准备

做好知识的预习与储备，掌握方向测量的方法；提前分析方向测量的工作程序，严格遵照本实训教程操作要求和注意事项，按照组内分工积极参与实训活动。

4.1.2.4 安全与文明要求

学生听从指导教师的安排及指挥，不在测量作业面上相互打闹；保护好测量仪器及工具；遵守测量实训须知的安全与文明要求；主动保护模拟施工场地上的各种测量标记，发现标记移动或损毁后要第一时间上报指导教师。

4.1.2.5 参考资料

《工程测量规范》（GB 50026—2022）、《工程测量员国家职业标准》（6-01-02-04）、《水利水电工程施工测量规范》（SL 52—2015）、《工程测量通用规范》（GB 55018—2021）。

4.1.3 实训步骤和方法

方向测量

在测量工作中常要确定地面上两点间的平面位置关系，要确定这种关系除了需要测量两点之间的水平距离以外，还必须确定该两点直线的方向。在测量上，确定某一条直线与标准方向线之间的水平角称为直线定向。标准方向包括真子午线方向、磁子午线方向、坐标纵轴方向三种。真子午线方向可通过天文观测、陀螺经纬仪测量来测定。磁子午线方向即为磁针静止时所指的方向（也称磁北方向），它是用罗盘来测定的。根据标准方向的不同，方位角又分为真方位角、磁方位角和坐标方位角三种。

4.1.3.1 安置罗盘仪

罗盘仪是用来测定直线磁方位角的仪器。罗盘仪的种类很多，构造大同小异，由磁针、刻度盘和望远镜三部分构成，如图 4.2 所示是罗盘仪的一种。

磁针是由磁铁制成，当罗盘仪水平放置时，自由静止的磁针就指向南北极方向，即过测站点的磁子午线方向。一般在磁针的南端缠绕有细铜丝，这是因为我国位于地球的北半球，磁针的北端受磁力的影响下倾，缠绕铜丝可以保持磁针水平。罗盘仪的度盘按逆时针方向 0°～360°（图 4.3），每 10°有注记，最小分划为 1°或 30′，度盘 0°和 180°两根刻画线与罗盘仪望远镜的视准轴一致。罗盘仪内装有两个相互垂直的长水准器，用于整平罗盘仪。

如图 4.4 所示，在控制点原点 A 安置罗盘仪，对中、整平后松开磁针固定螺丝，使磁针处于自由状态。

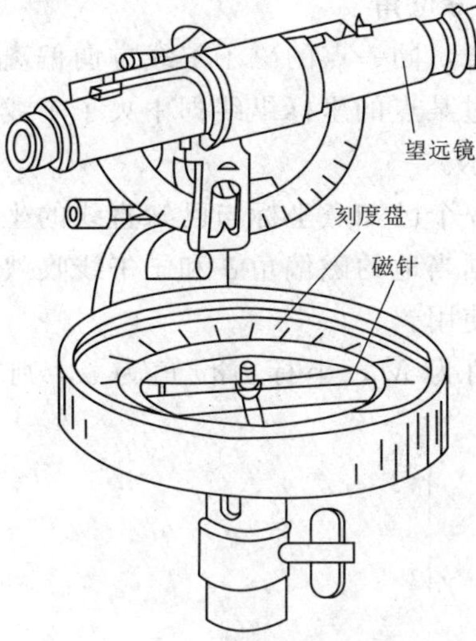

图 4.2 罗盘仪构造图

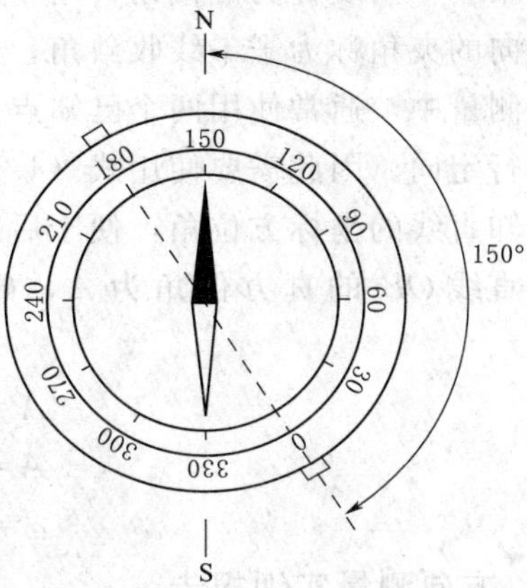

图 4.3 罗盘仪刻度盘

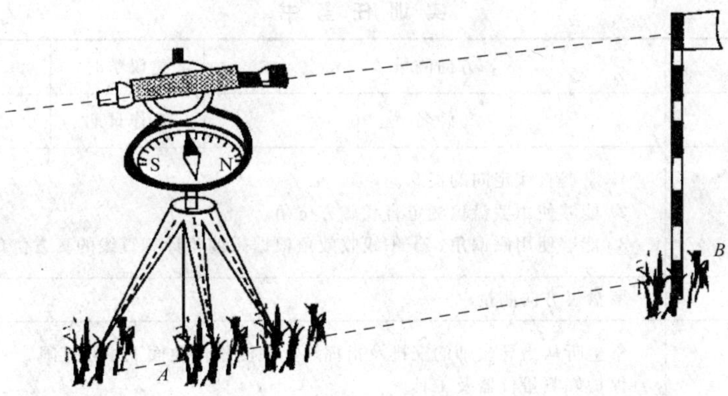

图 4.4 磁方位角的测定

4.1.3.2 测量磁方位角

如图 4.4 所示，用望远镜瞄准后视点目标 B，待磁针静止后读取磁针北端所指的读数（图 4.3 中读数为 150°）即为该直线的磁方位角。将磁针安置在直线的另一端，按上述方法返测磁方位角进行检核，二者之差理论上应等于 180°，若不超限，取平均值作为最后结果。

罗盘仪使用时应注意以下事项：

(1) 使用罗盘仪时附近不能有任何铁器，应避开高压线、磁场等物质，否则磁针会发生偏转而影响测量结果。

(2) 罗盘仪须置平，磁针能自由转动，必须等待磁针静止时才能读数。

(3) 观测结束后，必须旋紧顶起螺丝，将磁针顶起，以免磁针磨损，并保护磁针的灵活性。若磁针长时间摆动还不能静止，则说明仪器使用太久，磁针的磁性不足，应进行充磁。

4.1.3.3 根据磁方位角计算真方位角和坐标方位角

地球上某点的真子午线与磁子午线不重合，同一点的磁子午线方向偏离真子午线方向某一个角度称为磁偏角，用 δ 表示。过某点的坐标纵线即中央子午线与真子午线方向的夹角称为子午线收敛角，用 γ 表示。

在测量中，通常使用两个已知点坐标或一个已知点坐标与已知直线的坐标方位角来进行定向。因此需要使用式（4.1），根据当地的磁偏角 δ 和子午线收敛角 γ 计算出已知直线的坐标方位角，便于后续定向使用。

设直线 OB 的真方位角为 A，磁方位角为 M，坐标方位角为 α，则有如下关系：

$$\left.\begin{aligned} A&=M+\delta \\ A&=\alpha+\gamma \\ \alpha&=M+\delta-\gamma \end{aligned}\right\} \tag{4.1}$$

4.1.4 方向测量实训报告

实训任务书见表4.1，实训考核评价表见表4.2。

表4.1 实训任务书

实训任务	方向测量			建议学时	2
班级		姓名		工作日期	
实训目标	1. 掌握直线定向的概念。 2. 能够使用罗盘仪测定直线磁方位角。 3. 能够使用磁偏角、子午线收敛角根据磁偏角计算直线的真方位角和坐标方位角				
实训内容	罗盘仪方向测量				
安全须知	学生听从指导教师的安排及指挥，不在测量作业面上相互打闹。 保护好测量仪器及工具。 遵守测量实训须知的安全与文明要求				
实习成果	实训报告				
实训要求	1. 具备标准方向线的知识。 2. 了解直线定向的概念。 3. 具备一定的实践动手能力、自学能力、数据计算能力、一定的沟通协调能力、语言表达能力和团队意识。 4. 严格遵守课堂纪律，不迟到、不早退；学习态度认真、端正。 5. 每位同学必须积极参与小组讨论。 6. 完成"方向测量"实训报告				
考核评价	评价内容：仪器操作正确性和工作效率评价；测量数据的正确性、完整性评价；完成报告的完整性评价；安全文明和合作性评价等。 评价方式：由学生自评（自述、评价，占10%）、小组评价（分组讨论、评价，占20%）、教师评价（根据学生学习态度、工作报告及现场抽查知识或技能进行评价，占70%）构成该同学该任务成绩				

表 4.2　　实训考核评价表

考核指标	指标内涵	分值	学生自评	小组评分	教师评分	实得分数
准备工作（20）	准备工作完整性	10				
	实训步骤内容描述	8				
	知识掌握完整程度	2				
工作过程（45）	测量数据正确性、完整性	10				
	测量精度评价	5				
	报告完整性	30				
基本操作（10）	操作程序正确	5				
	操作符合限差要求	5				
安全文明（10）	叙述工作过程应注意的安全事项	5				
	工具正确使用和保养、放置实训设备	5				
完成时间（5）	能够在要求的 90 分钟内完成，每超时 5 分钟扣 1 分	5				
合作性（10）	独立完成任务得满分	10				
	在组内成员帮助下得 6 分					
总分		100				

任务 4.2　坐标方位角推算

4.2.1　实训目标

（1）掌握坐标方位角推算的计算方法。

（2）掌握坐标正反算的方法。

坐标方位角推算

4.2.2　实训准备与要求

4.2.2.1　实训准备

1. 场地准备

可选择校内实训场进行。

2. 设备准备

全站仪 1 套，要求状态良好，无部件损坏。

与仪器配套的支架，要求架头牢固，架腿伸缩自如，螺钉应固紧，架身无晃动，架腿支好后无滑动现象。

3. 工具及材料准备

每组准备可伸缩对中杆 1 根，棱镜 1 个。

4.2.2.2 教师准备

提前在教学平台布置实训任务，发布角度测量、方位角推算、坐标正反算的微课视频，让学生预习有关知识及操作步骤；按照预先的每 4 人分一组，准备好实训材料和工具，制定好实训程序和步骤，指导学生进行实训活动。

4.2.2.3 学生准备

做好知识的预习与储备，重点掌握方位角推算、坐标正反算的方法；提前分析正确使用坐标正反算和方位角推算的工作程序，严格遵照本实训教程操作要求和注意事项，按照组内分工积极参与实训活动。

4.2.2.4 安全与文明要求

学生听从指导教师的安排及指挥，不在测量作业面上相互打闹；保护好测量仪器及工具；遵守测量实训须知的安全与文明要求；主动保护模拟施工场地上的各种测量标记，发现标记移动或损毁后要第一时间上报指导教师。

4.2.2.5 参考资料

《工程测量规范》(GB 50026—2022)、《工程测量员国家职业标准》(6-01-02-04)、《水利水电工程施工测量规范》(SL 52—2015)、《工程测量通用规范》(GB 55018—2021)、《1∶500 1∶1000 1∶2000 外业数字测图规程》(GB/T 14912—2017)。

4.2.3 实训步骤和方法

根据直线始点的坐标、直线的水平距离及其方位角计算直线终点的坐标，称为坐标正算；根据直线始点和终点的坐标，计算两点间的水平距离和该直线的坐标方位角，称为坐标反算。坐标正反算可以在控制测量中用于根据已知点、已知方位角等信息，推算未知的方位角和点坐标。

4.2.3.1 确定已知坐标方位角

根据直线始点和终点的坐标，计算两点间的水平距离和该直线的坐标方位角，称为坐标反算。

A、B 两点的水平距离及方位角可按下列公式计算：

$$\alpha_{AB}=\arctan\frac{\Delta y_{AB}}{\Delta x_{AB}}=\arctan\frac{y_B-y_A}{x_B-x_A} \tag{4.2}$$

$$D_{AB}=\sqrt{\Delta x_{ab}^2+\Delta y_{AB}^2}=\sqrt{(x_B-x_A)^2+(y_B-y_A)^2} \tag{4.3}$$

或
$$D_{AB}=\frac{\Delta y_{AB}}{\sin\alpha_{AB}}=\frac{\Delta x_{AB}}{\cos\alpha_{AB}} \tag{4.4}$$

如果用一般函数计算器，根据式(4.2)中 Δx_{AB} 取绝对值反算所得的角值是象限角，需要根据方位角与象限角的换算关系进行换算为方位角，方法如下：

(1) 当 $\Delta x_{AB}>0$，$\Delta y_{AB}>0$ 时，α_{AB} 位于第Ⅰ象限内，范围在 0°～90°之间，象限角与方位角相同，即 $\alpha=R$，计算的象限角值即为方位角值。

（2）当 $\Delta x_{AB}<0$，$\Delta y_{AB}>0$ 时，a_{AB} 位于第Ⅱ象限内，范围在 90°～180°之间。计算得到象限角后，按公式 $\alpha=180°-R$ 计算该直线方位角值。

（3）当 $\Delta x_{AB}<0$，$\Delta y_{AB}<0$ 时，a_{AB} 位于第Ⅲ象限内，范围在 180°～270°之间。计算得到的象限角后，按公式 $\alpha=180°+R$ 计算该直线方位角值。

（4）当 $\Delta x_{AB}>0$，$\Delta y_{AB}<0$ 时，a_{AB} 位于第Ⅳ象限内，范围在 270°～360°之间计算得象限角后，按公式 $\alpha=360°-R$ 计算该直线方位角值。

4.2.3.2 测量各个控制点之间的水平角

在测量工作中，通常只测定起始边的方位角，其他各边的方位角是用导线点上观测的水平角进行推算的。

除已知坐标控制点外，在测区的其他位置分别确定数个控制点，并根据前进方向确定一条折线，在控制点处分别安置全站仪和棱镜，根据测回法的技术操作流程，测量出各个控制点两侧折线边的水平角度。

4.2.3.3 方位角的推算

如图 4.5 所示，通过已知坐标方位角和观测的水平角来推算出各边的坐标方位角。在推算时，水平角有左角和右角之分，图中沿前进方向 $A\rightarrow B\rightarrow C\rightarrow D\rightarrow E$ 左侧的水平角称为左角，沿前进方向右侧的水平角称为右角。

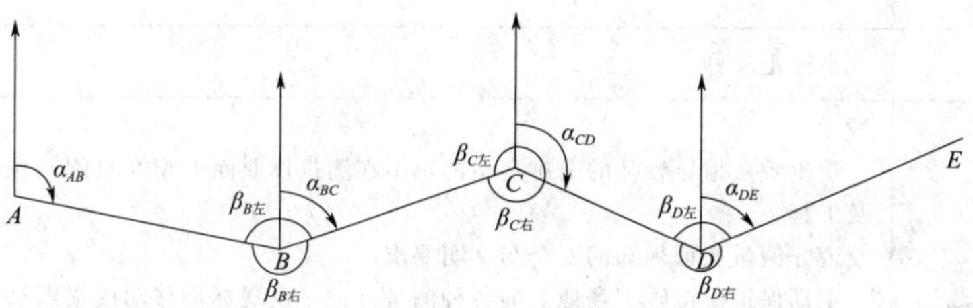

图 4.5 坐标方位角的推算

（1）用左角推算各边方位角的公式。按线路前进方向，由后一边的已知方位角和左角推算线路前一边的坐标方位角的计算公式为

$$\alpha_{前}=(\alpha_{后}+\beta_{左})-180° \tag{4.5}$$

（2）用右角推算各边方位角。根据左、右角间的关系，将 $\beta_{左}=360°-\beta_{右}$ 代入式（4.5），则有：

$$\alpha_{前}=(\alpha_{后}+180°)-\beta_{右} \tag{4.6}$$

注意：坐标方位角的范围是 0°～360°，没有负值或大于 360°的值。如果计算的角值大于 360°时，则应该减去 360°才是其方位角；如果计算的角值为负值时，则应该加上 360°才是其方位角。

4.2.3.4 坐标正算

根据直线始点的坐标、直线的水平距离及其方位角计算直线终点的坐标，称为坐标正算。如图 4.6 所示，已知直线 AB 的始点 A 的坐标（X_A，Y_A），AB 的水平距离 D_{AB} 和方位角 α_{AB}，则终点 B 的坐标（X_B，Y_B）可按下列步骤计算：

（1）计算两点间纵横坐标增量。由图 4.6 可以看出 A、B 两点间纵横坐标增量

分别为

$$\left.\begin{aligned}\Delta x_{AB}=D_{AB}\cos\alpha_{AB}\\ \Delta y_{AB}=D_{AB}\sin\alpha_{AB}\end{aligned}\right\} \quad (4.7)$$

(2) 计算 B 点的坐标。由图 4.6 可以看出，B 点的坐标为

$$\left.\begin{aligned}x_B=x_A+\Delta x_{AB}=x_A+D_{AB}\cos\alpha_{AB}\\ y_B=y_A+\Delta y_{AB}=y_A+D_{AB}\sin\alpha_{AB}\end{aligned}\right\} \quad (4.8)$$

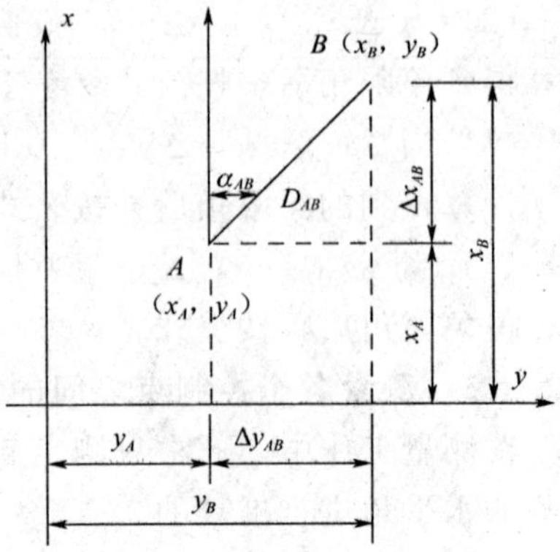

图 4.6 坐标正、反算

4.2.4 坐标方位角推算实训报告

实训任务书见表 4.3，实训考核评价表见表 4.4。

表 4.3　实训任务书

实训任务	方向测量			建议学时	4
班级		姓名		工作日期	
实训目标	1. 掌握方位角推算的计算方法。 2. 掌握坐标正反算的应用场景和计算方法				
实训内容	坐标正反算				
安全须知	学生听从指导教师的安排及指挥，不在测量作业面上相互打闹；保护好测量仪器及工具。 遵守测量实训须知的安全与文明要求。 主动保护模拟施工场地上的各种测量标记，发现标记移动或损毁后要第一时间上报指导教师				
实习成果	实训报告				
实训要求	1. 具备三角函数的基础知识。 2. 具备水平角测量的基础知识。 3. 具备一定的实践动手能力、自学能力、数据计算能力、一定的沟通协调能力、语言表达能力和团队意识。 4. 严格遵守课堂纪律，不迟到、不早退；学习态度认真、端正。 5. 每位同学必须积极参与小组讨论。 6. 完成“坐标正反算”实训报告				
考核评价	评价内容：仪器操作正确性和工作效率评价；测量数据的正确性、完整性评价；完成报告的完整性评价；安全文明和合作性评价等。 评价方式：由学生自评（自述、评价，占 10%）、小组评价（分组讨论、评价，占 20%）、教师评价（根据学生学习态度、工作报告及现场抽查知识或技能进行评价，占 70%）构成该同学该任务成绩				

表 4.4　　实训考核评价表

考核指标	指标内涵	分值	学生自评	小组评分	教师评分	实得分数
准备工作（20）	准备工作完整性	10				
	实训步骤内容描述	8				
	知识掌握完整程度	2				
工作过程（45）	测量数据正确性、完整性	10				
	测量精度评价	5				
	报告完整性	30				
基本操作（10）	操作程序正确	5				
	操作符合限差要求	5				
安全文明（10）	叙述工作过程应注意的安全事项	5				
	工具正确使用和保养、放置实训设备	5				
完成时间（5）	能够在要求的 90 分钟内完成，每超时 5 分钟扣 1 分	5				
合作性（10）	独立完成任务得满分	10				
	在组内成员帮助下得 6 分					
总分		100				

任务 4.3　全站仪坐标测量

4.3.1　实训目标

（1）能够使用全站仪对已知边进行定向和坐标测量操作。

（2）能够为坐标测量绘制相应的草图。

4.3.2　实训准备与要求

4.3.2.1　实训准备

1. 场地准备

可选择校内实训场进行。

2. 设备准备

全站仪 1 套，要求状态良好，无部件损坏。

与仪器配套的支架，要求架头牢固，架腿伸缩自如，螺钉应固紧，架身无晃动，架腿支好后无滑动现象。

3. 工具及材料准备

每组准备可伸缩对中杆 1 根，棱镜 1 个。

4.3.2.2 教师准备

提前在教学平台布置实训任务，发布全站仪坐标测量和草图绘制的微课视频，让学生预习有关知识及操作步骤；按照预先的每 4 人分一组，准备好实训材料和工具，制定好实训程序和步骤，指导学生进行实训活动。

4.3.2.3 学生准备

做好知识的预习与储备，需要掌握全站仪测量前相关设置，如各种测量单位与小数点位数设置、测距常数设置、气象参数设置、标题信息设置、测站信息设置、观测信息设置等，重点掌握使用全站仪进行坐标测量的操作流程。

4.3.2.4 安全与文明要求

学生听从指导教师的安排及指挥，不在测量作业面上相互打闹；保护好测量仪器及工具；遵守测量实训须知的安全与文明要求；主动保护模拟施工场地上的各种测量标记，发现标记移动或损毁后要第一时间上报指导教师。

4.3.2.5 参考资料

《工程测量规范》（GB 50026—2022）、《工程测量员国家职业标准》（6－01－02－04）、《水利水电工程施工测量规范》（SL 52—2015）、《工程测量通用规范》（GB 55018—2021）、《1∶500　1∶1000　1∶2000 外业数字测图规程》（GB/T 14912—2017）。

4.3.3 实训步骤和方法

全站仪是全站型电子速测仪的简称，是集测角、测距、自动记录于一体的仪器。是由光电测距、电子测角、微处理机及其软件组合而成的智能型测量仪器。由于全站仪一次观测即可获得水平角、竖直角和倾斜距离 3 种基本观测数据，而且借助仪器内的固化软件可以组成多种测量功能（如自动完成平距、高差、镜站点坐标的计算等），并将结果显示在液晶屏上。全站仪还可以实现自动记录、存储、输出测量结果，使测量工作大为简化。目前，全站仪已广泛应用于控制测量、大比例尺数字测图以及各种工程测量中。

4.3.3.1 全站仪安置并设置参数

有的全站仪使用激光对中器，操作十分方便。仪器有双轴补偿器，整平后气泡略有偏差，对观测并无影响。

开机后仪器进行自检，自检通过后，显示主菜单。测量前进行相关设置，如各种观测量单位与小数点位数设置、测距常数设置、气象参数设置、标题信息设置、测站信息设置、观测信息设置等。

（1）设置棱镜常数。将棱镜常数输入仪器中，仪器会自动对所测距离进行改正。

（2）设置大气改正值或气温、气压值。光在大气中的传播速度会随大气的温度和气压而变化，15℃和 760mmHg 是仪器设置的一个标准值，此时的大气改正为 0ppm。实测时，可输入温度和气压值，全站仪会自动计算大气改正值（也可直接输入大气改正值），并对测距结果进行改正。

（3）量仪器高、棱镜高并输入全站仪。

4.3.3.2 输入测站点坐标并定向

在菜单中，选择坐标模式。在测量之前，首先要设定测站点的三维坐标，即仪器安置的控制点的三维坐标。

随后，需要设定后视点坐标或设定后视方向的水平度盘读数为其方位角。当设定后视点的坐标时，全站仪会自动计算后视方向的方位角，并设定后视方向的水平度盘读数为其方位角。

4.3.3.3 全站仪坐标测量

照准目标棱镜，按坐标测量键，全站仪开始测距并计算显示测点的三维坐标。

同时需要绘制出测区的草图，并将测量所显示的点号标示在草图上相应点位的旁边，保证草图点、仪器记录点、实地点位三点一致。

4.3.4 坐标测量实训报告

实训场绘制的草图见表 4.5，实训考核评价表见表 4.6。

表 4.5 实训场绘制的草图

表 4.6 实训考核评价表

考核指标	指标内涵	分值	学生自评	小组评分	教师评分	实得分数
准备工作（20）	准备工作完整性	10				
	实训步骤内容描述	8				
	知识掌握完整程度	2				
工作过程（55）	数据正确性、完整性	10				
	精度评价	5				
	报告完整性	40				

续表

考核指标	指标内涵	分值	学生自评	小组评分	教师评分	实得分数
基本操作（10）	操作程序正确	5				
	操作符合作业要求	5				
完成时间（5）	能够在要求的90分钟内完成，每超时5分钟扣1分	5				
合作性（10）	独立完成任务得满分	10				
	在组内成员帮助下得6分					
总分		100				

思政园地：“中国心脏”——大地原点的背后故事

“大地原点”也称“大地基准点”，即国家平面控制网中推算大地坐标的起标点。中华人民共和国成立初期，我国使用的大地测量坐标系统是从苏联测过来的，其坐标原点是苏联玻尔可夫天文台，这种状况与我国的建设和发展极不相称。为此，决定建立我国独立的大地坐标系统。

1975年开始组织人力，搜集分析了大量资料，并根据“原点”的要求，对郑州、武汉、西安、兰州等地的地形、地质、大地构造、天文、重力和大地测量等因素实地考察、综合分析，最后将我国的大地原点确定在陕西泾阳县永乐镇石际寺村境内。

1978年，中国建成了自己的国家大地坐标系统，大地原点是中国国民经济建设和国防建设各项测量的起算点，即是1980西安坐标系统的测量起算点，参考椭球采用国际大地测量与地球物理联合会1975年16届大会推荐的地球椭球。定名为1980西安坐标系，参考椭球体长半径为6378140m，扁率为1/298.257。

大地原点的整个设施由中心标志、仪器台、主体建筑、投影台等四大部分组成。高出地面25m多的立体建筑共七层，顶层为观察室，内设仪器台；建筑的顶部是玻璃钢制成的整体半圆形屋顶，可用电控翻开以便观测天体；中心标志埋设于主题建筑的地下室中央。建成后不久，“大地原点”还增设并施测了国家基本重力点和天文基本点。大地原点的坐标为东经108°55′、北纬34°32′，高程为417.20m。

建立大地原点，就是为了确定中国基础测绘的统一坐标系，作为一切定位、定向等基础地理信息数据的基础，满足经济建设和国防建设的基本需要。测量是研究地球表面的自然科学，测绘工作是经济建设中的一项基础性、前期和超前期的工作。为城市规划、市政工程土地开发、农业、防灾、科研等方面提供各种比例尺现状地形图等测绘资料，满足建设规划需要，直接为建设工程项目设计、施工服务，而这些都必须有统一的测绘坐标系作支持，即大地原点。

大地原点确定后，从原点再延伸出去推算国家的其他测量点坐标，成为国家和城市建立坐标系的依据，而依据中国大地原点，可以建立起国家的独立坐标系，广泛应用于国防与经济建设。

中华人民共和国大地原点确立了中国独立的大地坐标系的起算点和基准点，是中国测绘事业独立自主的象征，在经济建设、国防建设、社会发展和科学技术研究等方面发挥着举足轻重的作用。大地原点不但在各项建设和科学技术上有重要影响，而且象征着国家的尊严。

项目 5

控 制 测 量

【学习目标】

通过学习平面控制网布设、高程控制网布设及GNSS网布设等知识，达到根据给定的已知控制点和测区范围完成测区平面控制网及高程控制网布设的工作任务，使学生在学习中锻炼专业能力、方法能力和社会能力等综合职业能力。

【情感、态度与价值观目标】

(1) 通过了解国家控制网布设的历史和掌握平面导线测量、平面GNSS控制测量、水准高程控制测量的布设及施测过程，激发学生的专业认同感和社会责任感。

(2) 小区域控制网的布设以小组的形式开展，养成科学、缜密、严谨、求实的思想作风和团结协作能力。

(3) 通过平面及高程控制测量实训操作，培养学生养成科学求实、精益求精的工匠精神。

(4) 实训过程中要爱护仪器，轻拿轻放，螺旋扭动时要轻转，培养良好的职业道德。

(5) 通过项目成果报告写作的训练，引导学生组织语言，科学严谨地描述作业流程，培养德智体美劳全面发展的社会主义建设者和接班人。

任务5.1 导 线 测 量

5.1.1 实训目标

导线测量

(1) 掌握导线的布设与施测方法。

(2) 能够独立完成导线内业计算。

5.1.2 实训准备与要求

5.1.2.1 实训准备

1. 场地准备

可选择校内实训场进行。校内道路宽敞平坦，通视条件良好。

2. 设备准备

使用DJ2型全站仪及配套镜站，要求状态良好，无部件损坏；与仪器配套的支架要求架头牢固，架腿伸缩自如，螺钉应固紧，架身无晃动，架腿支好后无滑动现象。

3. 工具及材料准备

每组准备板夹 1 个，记录计算表格 1 套。

5.1.2.2 教师准备

提前在教学平台布置实训任务，发布导线测量的工作程序微课视频，让学生预习有关知识及操作步骤；按照预先的每 4 人分一组，准备好实训设备和工具，制定好实训程序和步骤，指导学生进行实训活动。

5.1.2.3 学生准备

做好知识的预习与储备，掌握导线测量的方法；提前分析导线测量的工作程序，严格遵照本实训教程操作要求和注意事项，按照组内分工积极参与实训活动。

5.1.2.4 安全与文明要求

学生听从指导教师的安排及指挥，不在测量作业面上相互打闹；保护好测量仪器及工具；遵守测量实训须知的安全与文明要求；主动保护模拟施工场地上的各种测量标记，发现标记移动或损毁后要第一时间上报指导教师。

5.1.2.5 参考资料

《工程测量规范》(GB 50026—2022)、《工程测量员国家职业标准》(6－01－02－04)、《水利水电工程施工测量规范》(SL 52—2015)、《工程测量通用规范》(GB 55018—2021)。

5.1.3 实训步骤和方法

5.1.3.1 导线边长测量

导线边长测量通常采用前面讲述的电磁波精密测距方法进行，在测边时应遵循相应的测量规范对导线边长观测的技术要求。

1. 导线边长测量的精度要求

《工程测量规范》的要求见表 5.1。

表 5.1 导线测量的主要技术要求（工程测量规范）

等级	导线长度/km	平均边长/km	测角中误差/(″)	测距中误差/mm	测距相对中误差	测距数			方位角闭合差/(″)	相对闭合差
						DJ_1	DJ_2	DJ_6		
三等	14	3	1.8	20	≤1/150000	6	10	—	$3.6\sqrt{n}$	≤1/55000
四等	9	1.5	2.5	18	≤1/80000	4	6	—	$5\sqrt{n}$	≤1/35000
一级	4	0.5	5	15	≤1/30000	—	2	4	$10\sqrt{n}$	≤1/15000
二级	2.4	0.25	8	15	≤1/14000	—	1	3	$16\sqrt{n}$	≤1/10000
三级	1.2	0.1	12	15	≤1/7000	—	1	2	$24\sqrt{n}$	≤1/5000

注 1. 表中 n 为测站数；

2. 当测区测图的最大比例尺为 1∶1000 时，一级、二级、三级导线的平均边长及总长可适当放长，但最大长度不应大于表中规定的 2 倍。

2. 导线边长测量的技术要求

关于导线平面控制网对导线测距边观测的技术要求，在《城市测量规范》中作了具体规定，见表5.2和表5.3。工程导线测距技术要求，《工程测量规范》的规定见表5.4。

表5.2　各等级平面控制网测距边测距的技术要求（城市测量规范）

控制网等级	测距仪	观测次数		测回总数	备　注
		往	返		
二等	Ⅰ	1	1	6	1. Ⅱ为须用≤±（5mm+3ppm·D）的Ⅱ级测距仪。 2. 一测回是指照准目标1次，一般读数4次，可根据仪器出现的离散程度和大气透明度作适当增减。往返测回数各占总测回数一半。 3. 根据具体情况，可采用不同时段观测代替往返观测，时段是指上、下午或不同的白天
	Ⅱ			8	
三等	Ⅰ	1	1	4	
	Ⅱ			6	
四等	Ⅰ	1	1	2	
	Ⅱ			4	
一级	Ⅱ	1	—	2	
二、三级	Ⅱ	1	—	1	

表5.3　光电测距各项较差的限值（城市测量规范）

仪器等级	一测回读数较差/mm	单程测回间较差/mm	往返或不同时段的较差
Ⅰ级	5	7	$2(a+bD)$
Ⅱ级	10	15	

注　1. 往返较差应将斜距化算到同一水平面上方可进行比较。
2. $(a+bD)$为仪器标称精度。

表5.4　光电测距的技术要求（工程测量规范）

平面控制网等级	测距仪精度等级	观测次数		总测回数	一测回读数较差/mm	单程各测回较差/mm	往返较差
		往	返				
二、三等	Ⅰ	1	1	6	≤5	≤7	$\pm\sqrt{2}(a+bD)$
	Ⅱ			8	≤10	≤15	
四等	Ⅰ	1	1	4～6	≤5	≤7	
	Ⅱ			4～8	≤10	≤15	
一级	Ⅱ	1	—	2	≤10	≤15	
	Ⅲ			4	≤20	≤30	
二、三级	Ⅱ	1	—	1～2	≤10	≤15	
	Ⅲ			2	≤20	≤30	

注　1. 测回是指照准目标1次，读数2～4次的过程。
2. 根据具体情况，测边可采取不同时间段观测代替往返观测。
3. $(a+bD)$为仪器标称精度。

3. 气象数据的测定要求

电磁波测距时，需要同时测定温度、气压等气象元素，以用于距离的气象改正。气象仪表宜选用通风干湿温度计和空盒气压计。《城市测量规范》中气象数据的测定要求见表5.5。

表5.5　　气象数据的测定要求（城市测量规范）

等　级	最小读数		测定的时间间隔	气象数据的取用
	温度/℃	气压/Pa		
二等、三等、四等网的起始边和边长	0.2	50（或0.5mmHg）	一测站同时段观测的始末	测边两端的平均值
一级网的起始边和边长	0.5	100（或1mmHg）	每边测定1次	观测一端的数据
二级网的起始边和边长，以及三级导线边长	0.5	100（或1 mmHg）	一时段始末各测定1次	取平均值作为各边测量的气象数据

（1）气象仪表宜选用通风干湿温度表和空盒气压表。在测距时使用的温度表及气压表宜和测距仪检定时一致。

（2）到达测站后，应立刻打开装气压表的盒子，置平气压表，避免受日光曝晒。温度表应悬挂在与测距视线同高、不受日光辐射影响和通风良好的地方，待气压表和温度表与周围温度一致后，才能正式测记气象数据。

具体操作流程参见实训任务3.4。

5.1.3.2　水平角观测

导线的转折角有左、右之分，以导线为界，按编号顺序方向前进，在前进方向左侧的角称为左角，在前进方向右侧的角称为右角。对于附合导线，可测其左角，也可测其右角，但全线要统一。对于闭合导线，可测其内角，也可测其外角，若测其内角并按逆时针方向编号，其内角均为左角，反之均为右角。各等级导线的测角要求，均应满足表5.1的规定。具体操作流程参见实训任务3.3。

5.1.3.3　三联脚架法测导线

在城市各等级精密导线测量中，为了提高测角、测距精度，在安置脚架方面普遍采用三联脚架法，以减弱仪器对中误差和目标偏心误差对测角、测距的影响。一般使用3个既能安置全站仪又能安置觇牌（或有觇牌的反射棱镜）的基座和三脚架，基座应具有通用的光学对中器。

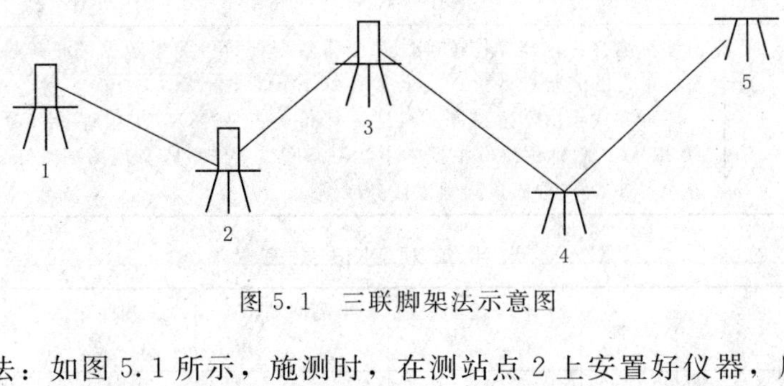

图5.1　三联脚架法示意图

具体做法：如图5.1所示，施测时，在测站点2上安置好仪器，后站点、前站点安置觇牌，2点水平角（即导线前进方向的左转折角）观测结束后，将1点的觇牌连同三脚架安置在4点，将2点的全站仪和3点上的觇牌自基座上取下来，互相对调，此时，2、3点上的三脚架同基座不能动，在3点上再进行水平角观测，以此类推，这样直到整条导线测完。

三联脚架法的优点如下：

(1) 减少了三脚架对中的次数，并可减少调平的工作量。同时由于在一点三次量高，可避免量高的粗差。

(2) 由于每点只进行一次对中，因而各点对中误差只对本点坐标有影响，而不会在坐标推导中积累传递给其他点。因为对于每一个新推出的点来说，在此之前的所有经过的点都可认为只是临时过渡点。不少生产单位的实践已经证明，三联脚架法确实可大大提高导线测量的精度和效率。

5.1.4 光电导线测量实训报告

实训任务书见表5.6，水平角观测记录表见表5.7，距离（平距）测量记录表见表5.8，导线近似平差计算表见表5.9，实训考核评价表见表5.10。

表5.6　　实训任务书

实训任务	三级光电导线测量			建议学时	4
班级		姓名		工作日期	
实训目标	1. 掌握三级光电导线测量的施测方法。 2. 能够独立完成导线测量内业计算				
实训内容	三级光电导线测量				
安全须知	学生听从指导教师的安排及指挥，不在测量作业面上相互打闹；保护好测量仪器及工具；遵守测量实训须知的安全与文明要求；主动保护模拟施工场地上的各种测量标记，发现标记移动或损毁后要第一时间上报指导教师				
实习成果	实训报告				
实训要求	1. 具备平面控制网的基础知识。 2. 具备光电测距的相关知识。 3. 具备角度测量的基础知识。 4. 具备一定的实践动手能力、自学能力、数据计算能力、一定的沟通协调能力、语言表达能力和团队意识。 5. 严格遵守课堂纪律，不迟到、不早退；学习态度认真、端正。 6. 每位同学必须积极参与小组讨论。 7. 完成“三级光电导线测量”实训报告				
考核评价	评价内容：仪器操作正确性和工作效率评价；测量数据的正确性、完整性评价；完成报告的完整性评价；安全文明和合作性评价等。 评价方式：由学生自评（自述、评价，占10%）、小组评价（分组讨论、评价，占20%）、教师评价（根据学生学习态度、工作报告及现场抽查知识或技能进行评价，占70%）构成该同学该任务成绩				

表5.7　　水平角观测记录表

测站	竖盘位置	目标	水平度盘读数/(° ′ ″)	半测回角值/(° ′ ″)	一测回角值/(° ′ ″)	备注

续表

测站	竖盘位置	目标	水平度盘读数/(° ′ ″)	半测回角值/(° ′ ″)	一测回角值/(° ′ ″)	备注

表 5.8　　距离（平距）测量记录表

边　名	水平距离/m	备　注

表 5.9　　导线近似平差计算表

点名	观测角/(° ′ ″)	方位角/(° ′ ″)	边　长/m	v_x/m ΔX_i/m	X_i/m	v_y/m ΔY_i/m	Y_i/m
导线略图							

表 5.10 实训考核评价表

考核指标	指标内涵	分值	学生自评	小组评分	教师评分	实得分数
准备工作（20）	准备工作完整性	10				
	实训步骤内容描述	8				
	知识掌握完整程度	2				
工作过程（45）	测量数据正确性、完整性	10				
	测量精度评价	5				
	报告完整性	30				
基本操作（10）	操作程序正确	5				
	操作符合限差要求	5				
安全文明（10）	叙述工作过程应注意的安全事项	5				
	工具正确使用和保养、放置实训设备	5				
完成时间（5）	能够在要求的90分钟内完成，每超时5分钟扣1分	5				
合作性（10）	独立完成任务得满分	10				
	在组内成员帮助下得6分					
总分		100				

任务 5.2 高程控制测量

四等水准测量

5.2.1 实训目标

（1）掌握四等水准路线的布设及施测方法。

（2）能够独立完成四等水准测量路线内业计算。

5.2.2 实训准备与要求

5.2.2.1 实训准备

1. 场地准备

可选择校内实训场进行。已完成四等水准路线的布设，现场高程控制点保持完好。

2. 设备准备

使用 DS_3 型水准仪或 DS_3 型自动安平水准仪，精度为每公里中误差±3mm，要求状态良好，无部件损坏；与仪器配套的支架要求架头牢固，架腿伸缩自如，螺钉应固紧，架身无晃动，架腿支好后无滑动现象。全站仪1套，用于三角高程控制测量使用。

5.2.2.2 教师准备

提前在教学平台布置实训任务，发布四等水准测量的微课视频，让学生预习有关知识及操作步骤；按照预先的每4人分一组，准备好实训材料和工具，制定好实训程序和步骤，指导学生进行实训活动。

5.2.2.3 学生准备

做好知识的预习与储备，掌握四等水准测量的方法；提前分析四等水准测量的工作程序，严格遵照本实训教程操作要求和注意事项，按照组内分工积极参与实训活动。

5.2.2.4 安全与文明要求

学生听从指导教师的安排及指挥，不在测量作业面上相互打闹；保护好测量仪器及工具；遵守测量实训须知的安全与文明要求；主动保护模拟施工场地上的各种测量标记，发现标记移动或损毁后要第一时间上报指导教师。

5.2.2.5 参考资料

《工程测量规范》(GB 50026—2022)、《工程测量员国家职业标准》(6-01-02-04)、《水利水电工程施工测量规范》(SL 52—2015)、《工程测量通用规范》(GB 55018—2021)。

5.2.3 实训步骤和方法

测量地面点的高程也要遵循“由整体到局部，从高级到低级”的原则，即先建立高程控制网，再根据高程控制网确定地面点的高程，分级布设逐级控制的原则。高程控制测量的任务，就是在测区布设一批高程控制点，用精确方法测定它们的高程，构成高程控制网。

国家高程控制网是用精密水准测量方法建立的，所以又称国家水准网。国家水准网分为一、二、三、四4个等级。一等水准网是沿平缓的交通路线布设成周长约1500km的环形路线。一等水准网是精度最高的高程控制网，它是国家高程控制的骨干，同时也是地学科研工作的主要依据。二等水准网是布设在一等水准环线内，形成周长为500～750km的环线。它是国家高程控制网的全面基础。三、四等级水准网是直接为地形测图或工程建设提供高程控制点。三等水准一般布置成附合在高级点间的附合水准路线，长度不超过200km。四等水准均为附合在高级点间的附合水准路线，长度不超过80km。

测量图根平面控制点高程的工作，称图根高程测量。它是在国家高程控制网或地区首级高程控制网的基础上，采用图根水准测量或图根三角高程测量来进行的。

5.2.3.1 四等水准测量

三、四等水准测量是建立测区首级高程控制最常用的方法，观测方法基本相同，在一些技术要求上不完全一样。通常用DS_3型级水准仪和双面水准尺进行，各项技术要求见表5.11。

表 5.11　　　　　　　　　水准测量主要技术要求

等级	水准仪	水准尺	附合路线长度/km	视线长度/m	视线高/m	前后视距差/m	视距累计差/m	观测顺序	黑红面读数差/mm	黑红面高差之差/mm	观测次数：与已知点联测	观测次数：附合或环形	往返较差、附合或环形闭合差：平地/mm	往返较差、附合或环形闭合差：山地/mm
三	DS_1	铟瓦	45	≤80	三丝能读数	≤2	≤5	后前前后	1.0	1.5	往返各一次	往一次	$\pm 12\sqrt{L}$	$\pm 4\sqrt{n}$
	DS_3	双面							2.0	3		往返各一次		
四	DS_1	铟瓦	15	≤100	三丝能读数	≤3	≤10	后后前前	3.0	5	往返各一次	往一次	$\pm 20\sqrt{L}$	$\pm 6\sqrt{n}$
	DS_3	双面												
图根	DS_{10}	单面	8	≤100							往返各一次	往一次	$\pm 40\sqrt{L}$	$\pm 12\sqrt{n}$

以图 5.2 为例，有一附合水准路线，BM_A、BM_B 为已知高等级水准点，1、2、3 为待测量水准点，四等水准测量的观测、记录、计算按照以下步骤进行，见表 5.12。

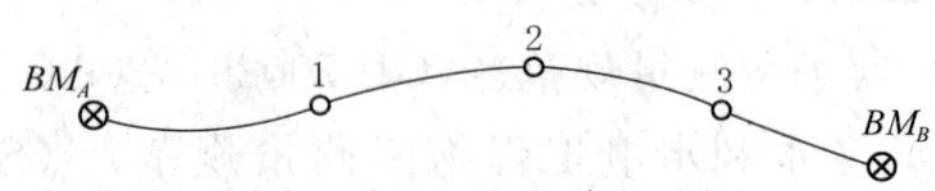

图 5.2　附合水准路线

表 5.12　　　　　　　　　四 等 水 准 测 量 记 录

日期：　　　　　　仪器型号：＿＿＿＿　　观测者：＿＿＿＿　　记录者：＿＿＿＿

测站编号	测点编号	后尺 下丝 / 上丝；后视距；视距差 d	前视 下丝 / 上丝；前视距；$\sum d$	方向及尺号	水准尺读数/m 黑面	水准尺读数/m 红面	K+黑−红/mm	高差中数/m	备注
		①	⑤	后	③	④	⑬	⑱	
		②	⑥	前	⑦	⑧	⑭		
		⑨	⑩	后−前	⑮	⑯	⑰		
		⑪	⑫						$K_7=4.687$
1	BM_A—1	1.891	0.758	后 7	1.708	6.395	0	+1.1340	$K_8=4.787$
		1.525	0.390	前 8	0.574	5.361	0		
		36.6	36.8	后−前	+1.134	+1.034	0		
		−0.2	−0.2						

注　K 为双面水准尺的红面分划与黑面分划的零点差。

四等水准测量的测站观测和记录如下：

（1）在两测点中间安置仪器，使前后视距大致相等，其差以不超过 3m 为准。

（2）用圆水准器整平仪器，照准后视尺黑面，转动微倾螺旋使水准管气泡严格居中，分别读取上、下、中三丝读数①、②、③。

(3) 照准后视尺红面，符合气泡居中后读中丝读数④。

(4) 照准前视尺黑面，符合气泡居中后分别读上、下、中三丝读数⑤、⑥、⑦。

(5) 照准前视尺红面，符合气泡居中后读中丝读数⑧。

上述①、②、…、⑧ 表示观测与记录次序，一定要边观测边记录，按顺序计入表 5.12 的相应栏中。

这样的观测顺序被称为“后—后—前—前”，即“黑—红—黑—红”步骤。若在土质松软地区施测，则需要采用三等水准测量的“后—前—前—后”，即“黑—黑—红—红”观测步骤。

5.2.3.2 三角高程测量原理

三角高程测量是在测站点上安置经纬仪，观测点上竖立标尺，已知两点之间的水平距离，根据经纬仪所测得的竖直角及量取的仪器高和目标高，应用平面三角的原理算出测站点和观测点之间的高差。这种方法较之水准测量灵活方便，但精度较低，主要用于山区的高程控制和平面控制点的高程测定。

如图 5.3 所示，在已知高程的点 A 上安置经纬仪，在 B 点上树立标杆（或标尺），照准杆顶，测出竖直角 α。设 AB 之间的水平距离 D 为已知，则 AB 之间的高差可以用下面公式计算：

$$h = D\tan\alpha + i - v \tag{5.1}$$

式中 i——经纬仪的仪器高度；

v——标杆的高度（中丝读数）；

$D\tan\alpha$——高差主值。

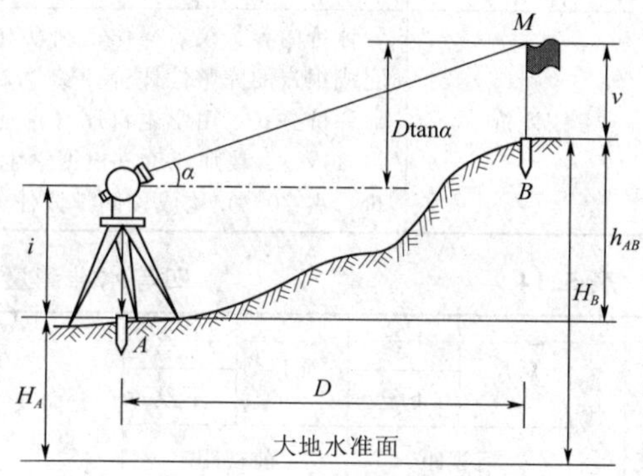

图 5.3 三角高程测量原理

如果 A 点的高程为 H_A，则 B 点的高程为

$$H_B = H_A + h = H_A + D\tan\alpha + i - v \tag{5.2}$$

三角高程测量又可分为经纬仪三角高程测量（如上所述）和光电测距三角高程测量。光电测距三角高程测量常常与光电测距导线合并进行，形成所谓的“三维导线”。其原理是按测距仪测定两点间距 S 来计算高差，计算公式为

$$h = S\sin\alpha + i - v \tag{5.3}$$

虽然光电测距三角高程测量的精度较高，速度较快，但在实际工程中受环境的影响和成本控制，应用较少。

5.2.4 高程控制测量实训报告

实训任务书见表 5.13，四等水准测量观测记录表见表 5.14，四等水准测量成果计算表见表 5.15，实训考核评价表见表 5.16。

表5.13　　　　实训任务书

实训任务	四等水准高程控制测量		建议学时	4
班级		姓名		工作日期	
实训目标	1. 掌握水准路线的布设与施测方法。 2. 能够独立进行水准路线内业计算			
实训内容	四等水准测量			
安全须知	学生听从指导教师的安排及指挥，不在测量作业面上相互打闹；保护好测量仪器及工具；遵守测量实训须知的安全与文明要求；主动保护模拟施工场地上的各种测量标记，发现标记移动或损毁后要第一时间上报指导教师			
实习成果	实训报告			
实训要求	1. 具备高程控制测量的基础知识； 2. 具备国家水准控制网的知识； 3. 具备三四等水准测量的基础知识； 4. 具备一定的实践动手能力、自学能力、数据计算能力、一定的沟通协调能力、语言表达能力和团队意识； 5. 严格遵守课堂纪律，不迟到、不早退；学习态度认真、端正； 6. 每位同学必须积极参与小组讨论； 7. 完成“四等水准高程控制测量”实训报告			
考核评价	评价内容：仪器操作正确性和工作效率评价；测量数据的正确性、完整性评价；完成报告的完整性评价；安全文明和合作性评价等。 评价方式：由学生自评（自述、评价，占10%）、小组评价（分组讨论、评价，占20%）、教师评价（根据学生学习态度、工作报告及现场抽查知识或技能进行评价，占70%）构成该同学该任务成绩			

表5.14　　　　四等水准测量观测记录表

测站编号	点号	后尺 上丝 / 下丝 后视距 视距差/m	前尺 上丝 / 下丝 前视距 累计差/m	方向及尺号	标尺读数		K+黑一红/mm	高差中数/m	备注
					黑面	红面			
				后视					
				前视					
				后—前					
				后视					
				前视					
				后—前					
				后视					
				前视					
				后—前					

续表

测站编号	点号	后尺 上丝	前尺 上丝	方向及尺号	标尺读数		K+黑-红/mm	高差中数/m	备注
		后尺 下丝	前尺 下丝		黑面	红面			
		后视距 视距差/m	前视距 累计差/m						
				后视					
				前视					
				后—前					
				后视					
				前视					
				后—前					
				后视					
				前视					
				后—前					

表 5.15　　四等水准测量成果计算表

点名	距离/km	观测高差/m	改正数/m	改正后高差/m	高程/m

辅助计算：

注　1. 距离取位至 0.01km，测段高差、改正数及点之高程等取位至 1mm。
2. 采用路线长度进行高差闭合差的分配。
3. 计算 $f_{h允}=\pm 20\sqrt{L}$（mm）时，L 小于 1km 时，按 1km 计。

表 5.16 实训考核评价表

考核指标	指标内涵	分值	学生自评	小组评分	教师评分	实得分数
准备工作（20）	准备工作完整性	10				
	实训步骤内容描述	8				
	知识掌握完整程度	2				
工作过程（45）	测量数据正确性、完整性	10				
	测量精度评价	5				
	报告完整性	30				
基本操作（10）	操作程序正确	5				
	操作符合限差要求	5				
安全文明（10）	叙述工作过程应注意的安全事项	5				
	工具正确使用和保养、放置实训设备	5				
完成时间（5）	能够在要求的90分钟内完成，每超时5分钟扣1分	5				
合作性（10）	独立完成任务得满分	10				
	在组内成员帮助下得6分					
总分		100				

任务 5.3 GNSS－RTK 控制测量

GNSS 的应用

5.3.1 实训目标

（1）会根据已有控制点获取测区坐标系统的转换参数。

（2）能够进行 RTK 平面控制点测量和精度评定。

5.3.2 实训准备与要求

5.3.2.1 实训准备

1. RTK 设备

RTK 一台套，如图 5.4 所示。

2. 工具准备

三脚架、对中杆、手簿、铅笔。

3. 实训地点

校内实训场。

5.3.2.2 教师准备

提前在教学平台布置实训任务，发布 RTK 控制测量工作程序微课视频，让学生预习有关知识及操作步骤；准备好实训工具，制订好实训程序和步骤，指导学生进行实训活动。

5.3.2.3 学生准备

做好知识的预习与储备，积极参与实训活动。

5.3.3 实训步骤和方法

5.3.3.1 RTK 控制测量的技术要求

RTK 控制测量前，应根据任务需要收集测区高等级控制点的地心坐标、参心坐标、坐标系统转换参数和高程成果等，进行技术设计。

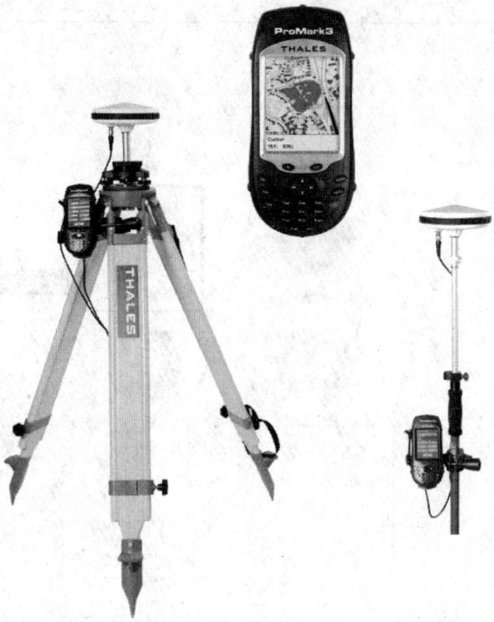

图 5.4 RTK 设备

RTK 测量可采用单基准站 RTK 测量和网络 RTK 测量两种方法。在通信条件困难时，也可以采用后处理动态测量模式进行测量。已建立 CORS 网的地区，宜优先采用网络 RTK 技术测量。RTK 测量卫星的状态应符合表 5.17 的规定。

表 5.17 RTK 测量卫星状态的基本要求

观测窗口状态	截止高度角 15°以上的卫星个数	PDOP 值
良好	≥6	<4
可用	5	≤6
不可用	<5	>6

RTK 控制测量高程系统采用正常高系统，按照 1985 国家高程基准起算。

当采用经纬度记录格式时，记录精确至 0.00001″，平面坐标和高程记录精确至 0.001m。天线高量取精确至 0.001m。

5.3.3.2 RTK 控制测量

1. 求转换参数

（1）四参数。

手簿：南方 H5 安卓手簿；软件：工程之星 5.0

示例说明：2000 坐标系转地方坐标系

准备材料：2 个以上的已知点坐标

步骤如下：

1）打开求转换参数。操作：“输入”→“求转换参数”，如图 5.5 所示。

2）设置四参数。在求转换参数界面首先单击右上角的设置按钮，将“坐标转

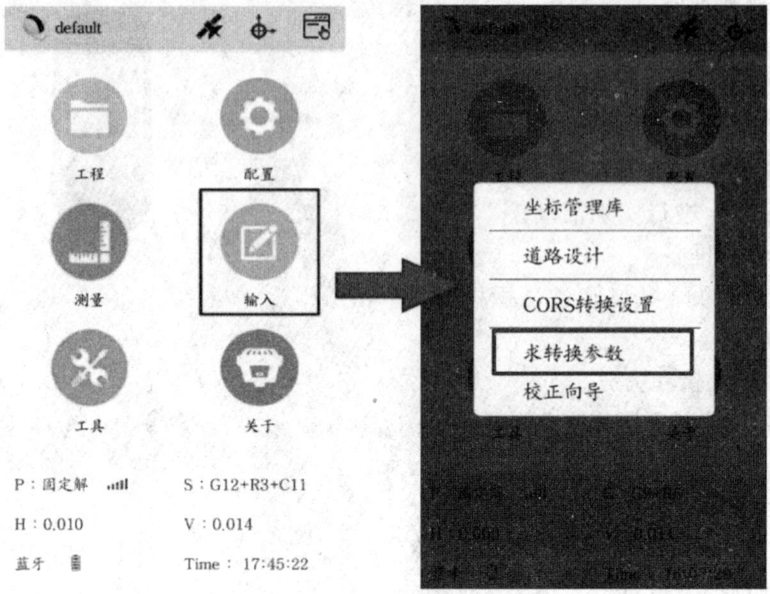

图 5.5 求转换参数

换方法”改为“一步法”，点击“确定”，则可以开始四参数的设置，如图 5.6 所示。

3）添加坐标参数。“一步法”设置完成后，在求转换参数界面单击“添加”，如图 5.7 所示。

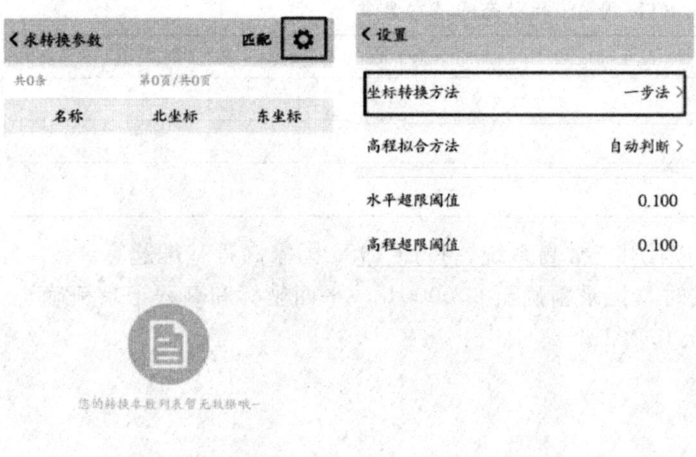

图 5.6 设置四参数

图 5.7 添加坐标参数

4）输入坐标参数。平面坐标输入已知点坐标，大地坐标输入 RTK 测的已知点的坐标。

大地坐标可以点击更多获取方式，里面有“定位获取”和“点库获取”，输入完成以后，单击“确定”，添加完第一个坐标 Pt1。然后以同样的方法输入第二个坐标 Pt2，如图 5.8 所示。

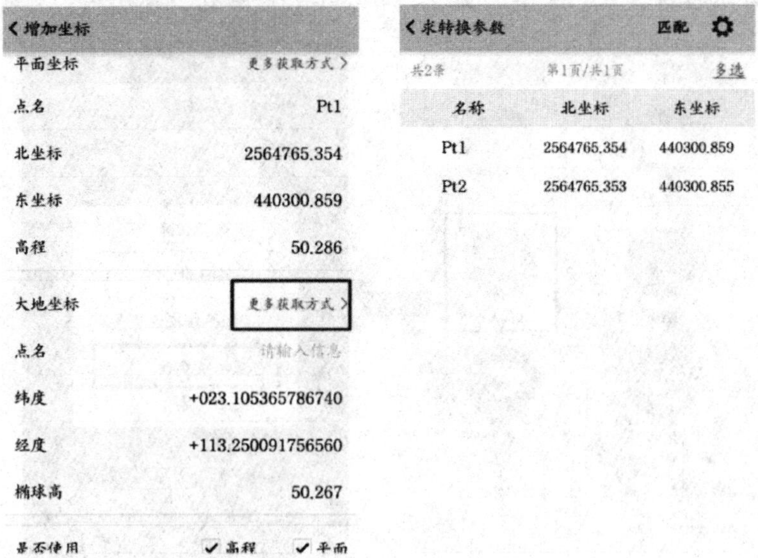

图 5.8　输入坐标参数

5）计算四参数并应用。如果 Pt1 或 Pt2 不小心输入错误，单击改点可进行编辑或者删除。坐标输入无误后，点击“计算”即可获得 2000 坐标系转当地坐标系的四参数，再单击“应用”即可，再进行点测量时，获取的坐标就是当地坐标系了，如图 5.9 所示。

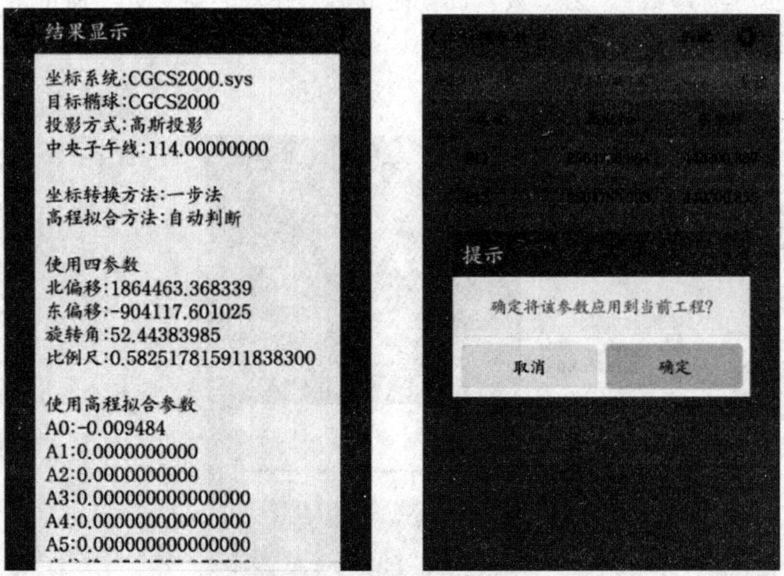

图 5.9　计算四参数并应用

(2) 七参数。示例说明：2000 坐标系转地方坐标系。

准备材料：3 个以上的已知点坐标。

1）打开求转换参数。操作："输入"→"求转换参数"，如图 5.10 所示。

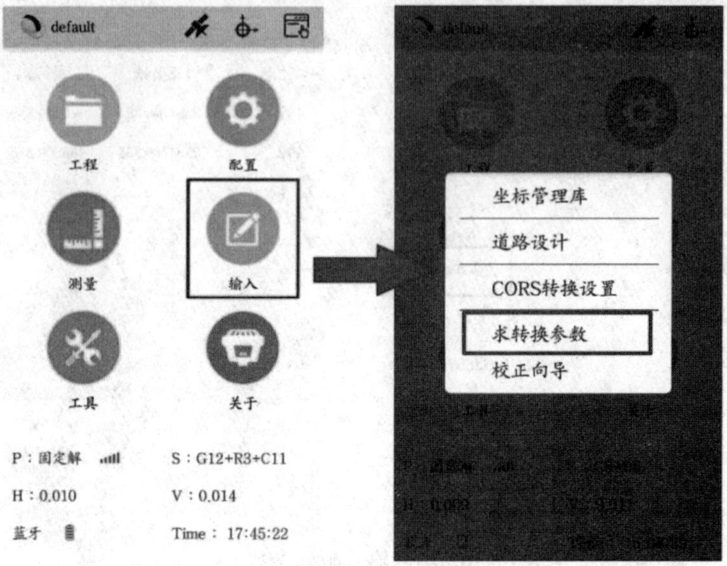

图 5.10 求转换参数

2）设置七参数。在求转换参数界面首先单击右上角的设置按钮，将"坐标转换方法"改为"七参数"，单击"确定"，则可以开始"七参数"的设置，如图 5.11 所示。

3）添加坐标参数。"七参数"设置完成后，在求转换参数界面单击"添加"，如图 5.12 所示。

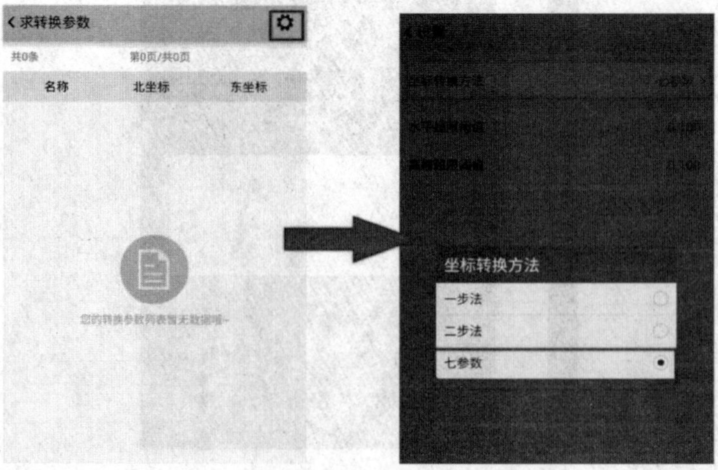

图 5.11 设置七参数

图 5.12 添加坐标参数

4）输入坐标参数。坐标输入方法同四参数一样，但是需要至少输入 3 个已知点坐标。输入完成后单击“计算”即可获得 2000 坐标系转当地坐标系的七参数，最后单击应用即可，如图 5.13 所示。

图 5.13 输入坐标参数

2. 控制点测量

控制点测量打开手簿的工程之星 5.0 软件主界面，然后单击“测量”，选择“控制点测量”，进入控制点测量界面，如图 5.14 所示。

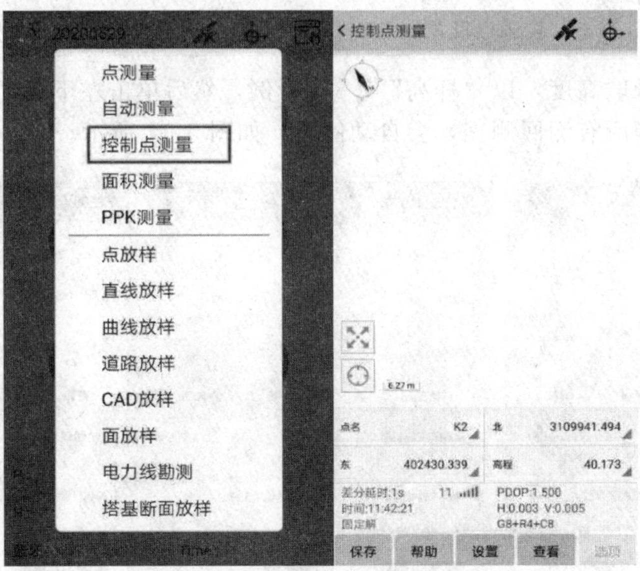

图 5.14 控制点测量

单击下方“设置”，根据需要自定义控制点设置参数，包括“测回数”“测点数”等信息，然后“确定”，回到控制点测量界面，如图 5.15 所示。

参数释义测回数：总共需要进行多少次测回；测点数：一次测回需要采集的总点数；延迟时间：当仪器达到固定解后需要在延迟等待的时间。在控制点测量界面单击左下角“保存”，进入采集界面，如图 5.16 所示。

图 5.15 控制点设置

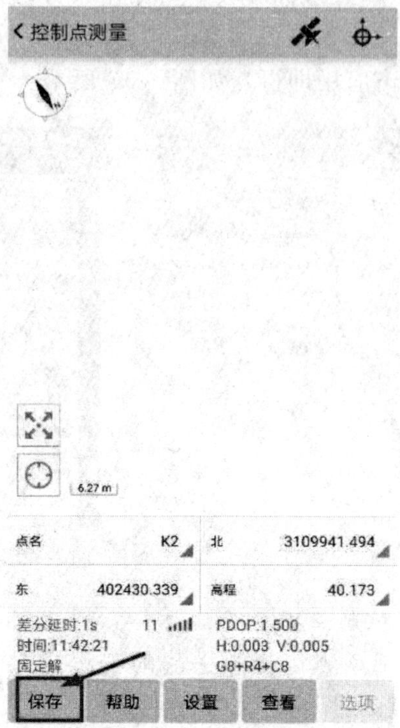

图 5.16 控制点测量

输入天线量取高度，以“杆高”1.8m为例，然后单击左下角“开始”，即开始采集控制点。等所有测回测完，会自动停止，如图5.17所示。

图 5.17 采集控制点

采集完成后，单击“报告”，再单击“确定”即可，如图 5.18 所示。

图 5.18　保存控制点

在保存测量点界面，可以自定义添加编码；单击“拍照”图标可以添加控制点现场照片；单击正下方“报告”，可以输出 html 格式的测量报告；单击右下角“确定”即可将控制点坐标保存到手簿坐标管理库中。

5.3.4　GNSS－RTK 控制测量实训报告

实训任务书见表 5.18，实训考核表见表 5.19。

表 5.18　　　　　　　　　实 训 任 务 书

实训任务	GNSS－RTK 控制测量		建议学时	2
班　　级		学生姓名		工作日期	
实训目标	1. 连接设备，设置好接收参数，使设备达到固定解的状态。 2. 根据给定已知控制点，进行四参数转换和七参数转换。 3. 掌握 RTK 控制测量的流程				
实训内容	新建工程项目，进行坐标系统、椭球、投影、高程系统、转换参数以及天线高、存储类型、坐标显示类型、截止高度角、PDOP 值等一些设置。参数求解后进行 RTK 控制点平滑测量				
安全须知	学生听从指导教师的安排及指挥，不在测量作业面上相互打闹；保护好测量仪器及工具；遵守测量实训须知的安全与文明要求；主动保护模拟施工场地上的各种测量标记，发现标记移动或损毁后要第一时间上报指导教师				
实习成果	实训报告				

续表

实训任务	GNSS-RTK 控制测量	建议学时	2
实训要求	1. 具备 RTK 操作的基础知识。 2. 具备设备设置的知识。 3. 具备参数转换的基础知识。 4. 具备一定的自学能力、数据计算能力、沟通协调能力、语言表达能力和团队意识。 5. 严格遵守课堂纪律，不迟到、不早退；学习态度认真、端正。 6. 每位同学必须积极参与小组讨论。 7. 完成“GNSS-RTK 控制测量”实训报告		
考核评价	评价内容：仪器操作正确性和工作效率评价；测量数据的正确性、完整性评价；完成报告的完整性评价；安全文明和合作性评价等。 评价方式：由学生自评（自述、评价，占 10%）、小组评价（分组讨论、评价，占 20%）、教师评价（根据学生学习态度、工作报告及现场抽查知识或技能进行评价，占 70%）构成该同学该任务成绩		

表 5.19 实训考核评价表

考核指标	指标内涵	分值	学生自评	小组评分	教师评分	实得分数
准备工作（20）	准备工作完整性	10				
	实训步骤内容描述	8				
	知识掌握完整程度	2				
工作过程（55）	测量数据正确性、完整性	10				
	精度评价	5				
	报告完整性	40				
基本操作（10）	操作程序正确	5				
	操作符合作业要求	5				
完成时间（5）	能够在要求的 90 分钟内完成，每超时 5 分钟扣 1 分	5				
合作性（10）	独立完成任务得满分	10				
	在组内成员帮助下得 6 分					
总分		100				

项目成果报告

假如你是××镇测绘项目的技术负责人，现在公司 2 个作业班组同时进行了测区的平面控制测量和高程控制测量工作，已完成了控制网的布设、施测、计算，现在需要向甲方提交一份项目技术总结报告。请你根据报告框架写一写吧！

<table>
<tr><td>

目　录

1　概述

　1.1　任务来源

　1.2　任务内容和目标

　1.3　项目完成情况

　1.4　测区概况和已有资料的利用

2　作业依据

3　测量过程

4　质量检查

5　提交资料

</td></tr>
<tr><td>报告正文：</td></tr>
</table>

思政园地：坐标系统的“前世今生”

我国先后建立了多种坐标系，它们在国家的经济建设和国防建设中均发挥了巨大作用。中华人民共和国成立以来，我国先后建立了 1954 年北京坐标系（北京 54）、1980 西安坐标系（西安 80）和新 1954 年北京坐标系。这几种坐标系属于参心坐标系，是我国基本测图和常规大地测量的基础。

从 20 世纪 70 年代起，我国先后建立和引进了四种地心坐标系：1978 地心坐标系（dx-1）、1988 地心坐标系（dx-2）、1984 世界大地坐标系（wgs84）和国际地球参考（itrs）。前两种只在少数部门短期使用过，后两种地心坐标系是由国外建立并广泛应用于我国测绘工作。近年来，我国地心坐标系的理论研究和实践工作取得重大进展，于 2008 年正式建立并启用了我国新一代大地坐标系统——2000 国家大地坐标系（简称 CGCS2000），已在全国范围推广使用。

1. 1954 北京坐标系

中华人民共和国成立以后，我国大地测量进入了全面发展时期，在全国范围内开展了全面的大地测量和测图工作，迫切需要建立一个参心大地坐标系。当时我国采用了苏联的克拉索夫斯基椭球参数，并与苏联1942年坐标系进行联测，通过计算建立了我国大地坐标系，定名为1954年北京坐标系。因此，1954年北京坐标系可以认为是苏联1942年坐标系的延伸。原点不在北京，而是在苏联的普尔科沃。

2. 1980西安坐标系

1978年4月在西安召开全国天文大地网平差会议，确定重新定位，建立我国新的坐标系。椭球参数采用的是IUGG1975年推荐的椭球参数。长半轴 $a=6378140\text{m}$，扁率 $\alpha=1/298.257$，属于参心坐标系。原点在陕西省泾阳县永乐镇石际寺村。

3. CGCS2000坐标系

CGCS2000坐标系（简称CGCS2000）是我国自主研发的大地坐标系，用于综合测绘和地理信息领域。该坐标系是以地球自身为基准，通过空间大地测量技术实现测量、计算、确定地球上任意一点的三维坐标（经度、纬度、高程）。

2008年7月1日，经国务院批准，我国正式启用CGCS2000坐标系。X 轴由原点指向格林尼治参考子午线与地球赤道面（历元2000.0）的交点；Z 轴由原点指向历元2000.0的地球参考极的方向；Y 轴与 Z 轴、X 轴构成右手正交坐标系。属于地心坐标系，原点为包括海洋和大气的整个地球的质量中心。

目前，CGCS2000坐标系已经成为了我国统一的大地坐标系标准，广泛应用于众多领域，如测绘、地理信息、遥感、导航、气象和地球物理等。

项目 6

施 工 放 样

【学习目标】

通过学习本项目内容，学生要明确学习施工放样的基本内容及意义，了解施工放样工作的全过程，掌握高程放样和点位放样的方法，最终达到利用设计图纸进行点位高程及平面坐标放样的技能水平。

【情感、态度与价值观目标】

1. 通过引入建筑工程实例，带领学生认识了解施工放样在工程建设中的角色，点燃学生学习的热情，增强学生对祖国发展建设的参与感。

2. 施工放样的实训操作以小组的形式开展，使学生具备一定的自学能力、数据计算能力、沟通协调能力、语言表达能力和团队意识。

3. 通过进行高程、平面坐标放样并多次进行校验，培养学生养成精雕细琢、精益求精的工匠精神。

4. 实训过程中要爱护仪器，轻拿轻放，螺旋扭动时要轻转，培养良好的职业道德。

5. 通过项目成果报告写作的训练，督促学生做到有始有终。

任务 6.1 高 程 放 样

6.1.1 实训目标

(1) 根据给定的高程控制点，利用水准仪测设出待测点的高程，并做好标记。

(2) 掌握土建工程施工时常用的单点、水平线、坡度线及水平面测设的方法。

高程放样

6.1.2 实训准备与要求

6.1.2.1 实训准备

1. 场地准备

准备光线充足的室内或室外场地，无雨天的室外是最好的，室外场地长宽至少30m。可以选择宽阔的广场或路边人行道上进行操作练习。

2. 设备准备

使用 DS_3 型水准仪或 DS_3 型自动安平水准仪，精度为每千米误差±3mm，要求状态良好，无部件损坏；与仪器配套的支架要求架头牢固，架腿伸缩自如，螺钉应固紧，架身无晃动，架腿支好后无滑动现象。

3. 工具及材料准备

每组准备 3m 长的塔尺 1 根。

6.1.2.2 教师准备

提前在教学平台布置实训任务，发布纵断面测量的工作程序微课视频，让学生预习有关知识及操作步骤；按照预先的每 4 人分一组，准备好实训材料和工具，制定好实训程序和步骤，指导学生进行实训活动。

6.1.2.3 学生准备

做好知识的预习与储备，掌握水准测量的方法；提前分析单点、水平线、坡度线及水平面测设的工作程序，严格遵照实训指导书的操作要求和注意事项，按照组内分工积极参与实训活动。

6.1.2.4 安全与文明要求

学生听从指导教师的安排及指挥，不在测量作业面上相互打闹；保护好测量仪器及工具；遵守测量实训须知的安全与文明要求；主动保护模拟施工场地上的各种测量标记，发现标记移动或损毁后要第一时间上报指导教师。

6.1.2.5 参考资料

《工程测量规范》(GB 50026—2022)、《工程测量员国家职业标准》(6-01-02-04)、《水利水电工程施工测量规范》(SL 52—2015)、《工程测量通用规范》(GB 55018—2021)。

6.1.2.6 实训内容

根据给定的高程控制点（高程已知，位置确定），利用水准仪测设出指定位置待测点的高程，依次完成单点、水平线、坡度线及水平面测设并做好标记。

6.1.3 实训步骤和方法

6.1.3.1 已知高程放样

在施工放样中，经常要把设计的室内地坪（±0）高程及房屋其他各部位的设计高程（在工地上，常将高程称为“标高”）在地面上标定出来，作为施工的依据。这项工作称为高程放样（或称“标高放样”）。

如图 6.1 所示，假设在设计图纸上查得建筑物的某位置的高程为 $H_{设}$，而附近有一水准点 A，其高程为 H_A，现要求把 $H_{设}$ 测设到木桩 B 上。在木桩 B 和水准点 A 之间安置水准仪，在 A 点上立尺，读数为 a，则水准仪视线高程为

$$H_i = H_A + a \tag{6.1}$$

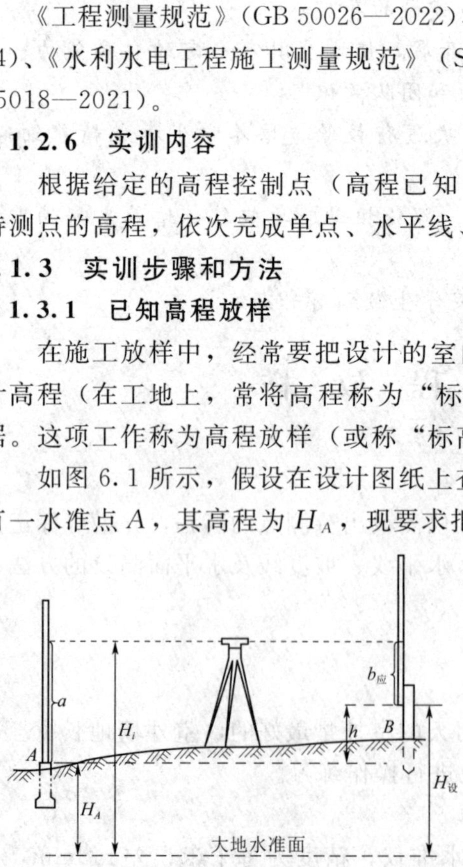

图 6.1 地面点高程测设

根据视线高程和地坪设计高程可算出 B 点尺上应有的读数为

$$b_{应} = H_i - H_{设} \tag{6.2}$$

然后将水准尺紧靠 B 点木桩侧面上下移动，直到水准尺读数为 $b_{应}$ 时，沿尺底在木桩侧面画线，此线就是测设的高

程位置。

6.1.3.2 高程传递放样

若待放样高程点的设计高程与水准点的高程相差很大，如放样较深的基坑标高或放样高层建筑物的标高，只用标尺已无法放样，此时可借助钢尺将地面水准点的高程传递到在坑底或高楼上所设置的临时水准点上，然后再根据临时水准点放样其他各点的设计高程。

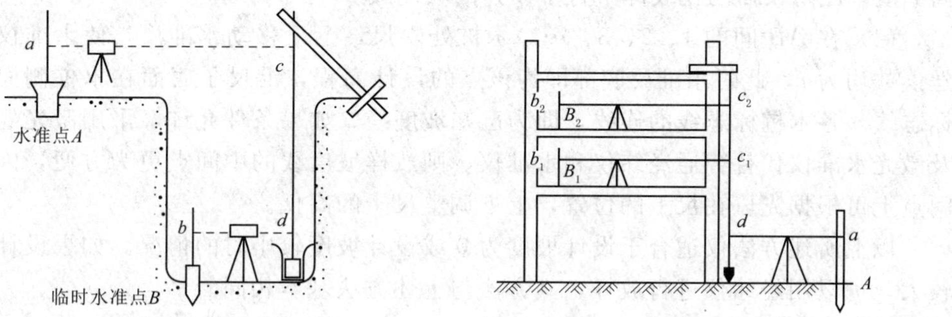

（a）高程向下传递放样　　（b）高程向上传递放样

图 6.2　高程传递放样的方法

如图 6.2 所示，将地面水准点 A 的高程传递到基坑临时水准点 B 上。在坑边上杆上悬挂经过检定的钢尺，零点在下端并挂 10kg 重锤，为减少摆动，重锤放入盛废机油或水的桶内，在地面上和坑内分别安置水准仪，瞄准水准尺和钢尺读数（图中 a、b、c、d），则

$$H_B = H_A + a - (c - d) - b \tag{6.3}$$

H_B 求出后，即可以临时水准点 B 为后视点，放样坑底其他各待放样高程点的设计高程。

如图 6.2（b）所示，将地面水准点 A 的高程传递到高层建筑物上，方法与上述相似，任一层上临时水准点 B_i 的高程为

$$H_{Bi} = H_A + a + (c_i - d) - b_i \tag{6.4}$$

H_{Bi} 求出后，即可以临时水准点 B_i 为后视点，放样第 i 层楼上其他各待放样高程点的设计高程。

6.1.3.3 测设坡度线

在场地平整、管道敷设和道路整修等工程中，常需要将已知坡度放样到地面上，称为直线坡度的放样。

如图 6.3 所示，A 点的设计高程为 H_A，AB 两点间水平距离为 D，设计坡度为 -1%。为了便于施工，需在 AB 中心线上每隔一定距离打一木桩，并在木桩上标出该点设计高程。具体作法如下：

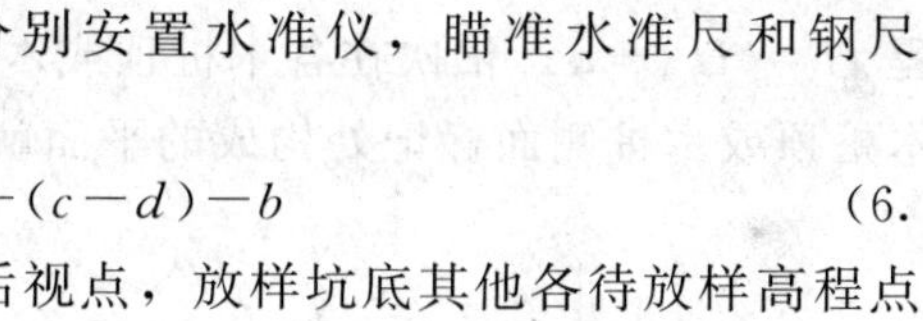

图 6.3　已知坡度的测设示意图

（1）计算 B 点设计高程，计算公式为

$$H_{B设}=H_A+D\times(-1\%) \tag{6.5}$$

(2) 然后通过附近水准点，用前述已知高程的放样方法，把 A 点和 B 点的设计高程放样到地面上。

(3) 用水准仪放样时，在 A 点安置水准仪（图 6.4），使一个脚螺旋在 AB 方向线上，而另两个脚螺旋的连线垂直于 AB 方向线，量取仪高 i。用望远镜瞄准 B 点上的水准尺，旋转 AB 方向线上的脚螺旋，让视线倾斜，使水准尺上读数为仪器高 i 值，此时仪器的视线即平行于设计的坡度线。

(4) 在 AB 间的 1、2、3、…，木桩处立尺，上下移动水准尺，使水准仪的中丝读数均为 i，此时水准尺底部即为该点的设计高程，沿尺子底面在木桩侧面画一标志线。各木桩标志线的连线，即为已知坡度线。如果条件允许，采用激光经纬仪及激光水准仪代替普通经纬仪和水准仪，则放样坡度线的中间点更为方便，因为中间点上可根据光斑在尺上的位置，上下调整尺子的高低。

以上所述方法仅适合于设计坡度为 0 或设计坡度较小时的情况。如果设计坡度较大，可以用经纬仪进行放样，其方法与上述方法基本相同。

6.1.3.4 测设水平面

工程施工中，欲使某施工平面满足规定的设计高程 $H_{设}$，如图 6.4 所示，可先在地面上按一定的间隔长度测设方格网，用木桩标定各方格网点。然后根据已知高程测设的基本原理，由已知点 A 的高程 H_A，测设出高程为 $H_{设}$ 的木桩点。测设时，在场地与已知点 A 之间安置水准仪，读取 A 尺上的后视读数 a，则仪器视线高程 $H_i=H_A+a$，依次在各木桩顶或木桩侧面的尺上读数 $b_{应}=H_i-H_{设}$。此时，各木桩顶或木桩侧面标记处构成的平面就是需测设的水平面。

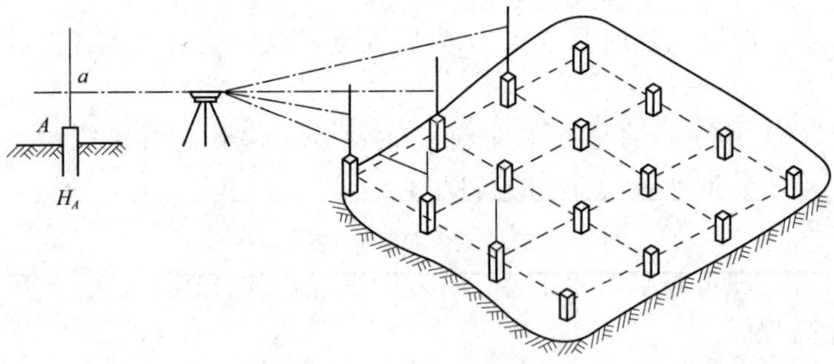

图 6.4 水平面的测设

6.1.3.5 注意事项

(1) 正确使用仪器各部分螺旋，应注意对螺旋不能用力强拧，以防损坏。

(2) 瞄准目标读数前必须消除视差，并使符合水准器气泡居中。

(3) 注意水准尺上标记与刻画的对应关系，避免读数发生错误。

(4) 水准尺必须扶竖直，掌握标尺刻画规律，不管上下，只管由小到大。

(5) 测站选择尽量放置在待测点与控制点的中垂线上，通视良好。

(6) 仪器搬迁要根据距离的长短采取正确的方式，注意规范性。

6.1.4 高程放样实训报告

实训任务书见表6.1，实训考核评价表见表6.2。

表6.1　　实 训 任 务 书

<table>
<tr><td>实训任务</td><td colspan="2">已知高程点放样</td><td>建议学时</td><td>2</td></tr>
<tr><td>班　　级</td><td></td><td>学生姓名</td><td>工作日期</td><td></td></tr>
<tr><td>实训目标</td><td colspan="4">1. 根据给定高程控制点，利用水准仪测设出待测点的高程，并做好标记。
2. 掌握工程施工时常用的单点、水平线、坡度线及水平面测设的方法</td></tr>
<tr><td>实训内容</td><td colspan="4">已知高程点放样。根据给定的高程控制点（高程已知，位置确定），利用水准仪测设出指定位置待测点的高程，依次完成单点、水平线、坡度线及水平面测设并做好标记</td></tr>
<tr><td>安全须知</td><td colspan="4">学生听从指导教师的安排及指挥，不在测量作业面上相互打闹；保护好测量仪器及工具；遵守测量实训须知的安全与文明要求；主动保护模拟施工场地上的各种测量标记，发现标记移动或损毁后要第一时间上报指导教师</td></tr>
<tr><td>实习成果</td><td colspan="4">实训报告</td></tr>
<tr><td>实训要求</td><td colspan="4">1. 具备水准仪操作的基础知识。
2. 具备高程测设的知识。
3. 具备几何方面的基础知识。
4. 具备一定的自学能力、数据计算能力、沟通协调能力、语言表达能力和团队意识。
5. 严格遵守课堂纪律，不迟到、不早退；学习态度认真、端正。
6. 每位同学必须积极参与小组讨论。
7. 完成“已知高程点放样”实训报告</td></tr>
<tr><td>考核评价</td><td colspan="4">评价内容：仪器操作正确性和工作效率评价；测量数据的正确性、完整性评价；完成报告的完整性评价；安全文明和合作性评价等。
评价方式：由学生自评（自述、评价，占10%）、小组评价（分组讨论、评价，占20%）、教师评价（根据学生学习态度、工作报告及现场抽查知识或技能进行评价，占70%）构成该同学该任务成绩</td></tr>
</table>

表6.2　　实 训 考 核 评 价 表

<table>
<tr><td>考核指标</td><td>指标内涵</td><td>分值</td><td>学生自评</td><td>小组评分</td><td>教师评分</td><td>实得分数</td></tr>
<tr><td rowspan="3">准备工作
（20）</td><td>准备工作完整性</td><td>10</td><td></td><td></td><td></td><td></td></tr>
<tr><td>实训步骤内容描述</td><td>8</td><td></td><td></td><td></td><td></td></tr>
<tr><td>知识掌握完整程度</td><td>2</td><td></td><td></td><td></td><td></td></tr>
<tr><td rowspan="3">工作过程
（45）</td><td>测量数据正确性、完整性</td><td>10</td><td></td><td></td><td></td><td></td></tr>
<tr><td>测量精度评价</td><td>5</td><td></td><td></td><td></td><td></td></tr>
<tr><td>报告完整性</td><td>30</td><td></td><td></td><td></td><td></td></tr>
<tr><td rowspan="2">基本操作
（10）</td><td>操作程序正确</td><td>5</td><td></td><td></td><td></td><td></td></tr>
<tr><td>操作符合限差要求</td><td>5</td><td></td><td></td><td></td><td></td></tr>
</table>

续表

考核指标	指标内涵	分值	学生自评	小组评分	教师评分	实得分数
安全文明（10）	叙述工作过程应注意的安全事项	5				
	工具正确使用和保养、放置实训设备	5				
完成时间（5）	能够在要求的90分钟内完成，每超时5分钟扣1分	5				
合作性（10）	独立完成任务得满分	10				
	在组内成员帮助下得6分					
总分		100				

任务6.2 全站仪放样

水平角度放样

6.2.1 实训目标

（1）掌握用全站仪测设水平距离。

（2）掌握用全站仪测设水平角。

（3）学会使用全站仪进行平面坐标放样。

水平距离放样

6.2.2 实训准备与要求

6.2.2.1 实训准备

1. 场地准备

准备光线充足的室内或室外场地，无雨天的室外是最好的。室内场地长至少20m，宽度至少5m，室外可以选择宽阔的广场或路边人行道上进行操作练习。

2. 设备准备

30m钢尺或皮尺一把（或50m钢尺），全站仪一套；与仪器配套的支架要求架头牢固，架腿伸缩自如，螺钉应固紧，架身无晃动，架腿支好后无滑动现象。

平面坐标放样

3. 工具及材料准备

准备标杆一根，计算器一个、2m小钢卷尺一把。

6.2.2.2 教师准备

提前在教学平台布置实训任务，发布全站仪点位放样的工作流程微课视频，让学生预习有关全站仪知识及操作步骤；按照预先的每4人分一组，准备好实训材料和工具，制定好实训程序和步骤，指导学生进行实训活动。

6.2.2.3 学生准备

做好知识的预习与储备，掌握有关全站仪的知识及全站仪点位放样的内容；提前分析点位放样的工作程序及注意事项，严格遵照本实训教程操作要求和注意事项，按照组内分工积极参与实训活动。

6.2.2.4 安全与文明要求

学生听从指导教师的安排及指挥，不在测量作业面上相互打闹；保护好测量仪器及工具；遵守测量实训须知的安全与文明要求；主动保护模拟施工场地上的各种测量标记，发现标记移动或损毁后要第一时间上报指导教师。

6.2.2.5 参考资料

《工程测量规范》(GB 50026—2022)、《工程测量员国家职业标准》(6-01-02-04)、《水利水电工程施工测量规范》(SL 52—2015)、《工程测量通用规范》(GB 55018—2021)。

6.2.3 实训内容

在指定实训场地内地面上，掌握用全站仪放样 AB 指定方向线上水平距离 20m，并用钢尺进行校核，沿 AB 方向顺时针测设 75°24′12″的水平角度；学会使用全站仪利用场地内两已知控制点测设某已知坐标数据点的平面位置。

6.2.4 实训步骤和方法

在指定实训场地内地面上寻找确定的两个点 A、B（坐标已知），要求两点之间的距离等于 30m。

6.2.4.1 测设水平距离 20m

将全站仪安置在 A 点上，全站仪对中、整平后，进行气象等基本设置，瞄准 B 点进行锁定定向，配合者手持花杆听从观测者指挥使花杆左右调整至 AB 直线上地面某点，选择免棱镜测量模式设定测设 20m，出现测设正负差值（实测值-设计值）。若测设差值为正，则指挥配合者走近观测者；若测设差值为负指挥配合者走远观测者重新测量，直至显示差值为零或误差允许范围内（±5mm）即可。如全站仪无测设距离模式，则可使用测量模式进行，此时显示具体的实测距离，观测者根据实测值与设计值比较指挥配合者走近或走远完成测设，与前同。测设完毕使用钢尺量距进行校验其结果。

6.2.4.2 测设水平角 75°24′12″

将全站仪安置在 A 点上，全站仪对中、整平后，进行气象参数设置，瞄准定向点 B 锁定方向，然后进入角度设置界面，选择 F3 按键（右/左转换）设置为右，返回角度测量界面（此时顺时针转动照准部角度增加，逆时针转动角度减小），连续两次按键**【置零】**，则该方向水平角读数显示为 0°00′00″，然后打开水平制动旋钮，顺时针转动照准部至 75°24′左右再次水平制动（通常仪器的微动范围为±1.5′），利用微调螺旋使角度正好是 75°24′12″时望远镜所瞄准的方向就是测设方向，完成水平角的测设。

6.2.4.3 测设已知坐标点的平面位置

（1）全站仪的安置与定向同坐标测量。

（2）建站完成后，需校核建站是否正确，操作方法如下，将棱镜安置在另外一个控制点 C 上，用全站仪测量 C 点的坐标，如果实测坐标与给定坐标在误差范围内，说明建站正确，否则应重新建站。

(3) 进入坐标放样界面，输入待放样点 i 的坐标并确认，根据仪器的提示，将仪器旋转到指定方向，使显示屏上的水平度盘显示为 0°00′00″（±2″），固定仪器，指挥棱镜扶持者将花杆或棱镜安置在全站仪指示的方向线上，并根据主操作手的指挥，使花杆或棱镜中心精确对准全站仪的十字丝交点，点击测量，根据提示数据，前后移动棱镜，使显示屏上的调整距离显示为 0.000m（±2mm），此点即为待测点 i 的位置。

(4) 此点打下木桩，并根据主操作手的提示，在木桩上钉上小铁钉或画上标志（模拟演示可以用笔）。

6.2.5 注意事项

(1) 望远镜不得对准太阳测距，太阳光会烧毁测距接收器。

(2) 在保养物镜、目镜和棱镜时，应吹掉透镜和棱镜上的灰尘，不要用手指触摸透镜和棱镜。

(3) 钢尺质脆易折，应注意爱护。用完后，应擦净上油，以防生锈。量距时钢尺偏离定线方向，将使测线成为折线距离，导致量距结果偏大。

(4) 全站仪属精密贵重测量仪器，要防止日晒、防雨淋、防碰撞震动。

(5) 棱镜是易碎的精密光学器件，贵重时要小心谨慎。

(6) 底座连接中心螺旋要旋紧，防止照准部脱落。

(7) 全站仪放样往往需要团队的绝好配合，强调相互合作。

(8) 埋设的测量标志尽可能避开施工人员的必经通道，测量标志应坚实牢固，以防被损坏。

(9) 不要用眼睛盯着激光束看，也不要用激光束指向别人，反射光束对仪器来说都是有效测量。

6.2.6 全站仪点位放样实训报告

实训任务书见表 6.3，坐标放样记录表见表 6.4，实训考核记录表见表 6.5。

表 6.3 实 训 任 务 书

实训任务	全站仪放样			建议学时	4
班级		姓名		工作日期	
实训目标	1. 掌握用全站仪进行水平距离。 2. 掌握用全站仪测设水平角。 3. 学会使用全站仪进行平面坐标放样				
实训内容	全站仪点位放样 1. 在指定实训场地内地面上，掌握用全站仪放样 AB 指定方向线上水平距离 20m，并用钢尺进行校核。 2. 沿 AB 方向顺时针测设 75°24′12″的水平角度。 3. 学会使用全站仪利用场地内两已知控制点测设某已知坐标数据点的平面位置				
安全须知	学生听从指导教师的安排及指挥，不在测量作业面上相互打闹；保护好测量仪器及工具；遵守测量实训须知的安全与文明要求；主动保护模拟施工场地上的各种测量标记，发现标记移动或损毁后要第一时间上报指导教师				

续表

实习成果	实训报告
实训要求	1. 具备全站仪操作的基础知识。 2. 具备角度、距离、高差及坐标放样的知识。 3. 具备几何方面的基础知识。 4. 具备一定的实践动手能力、自学能力、数据计算能力、沟通协调能力、语言表达能力和团队意识。 5. 严格遵守课堂纪律，不迟到、不早退；学习态度认真、端正。 6. 每位同学必须积极参与小组讨论。 7. 完成“全站仪点位放样”实训报告
考核评价	评价内容：仪器操作正确性和工作效率评价；测量数据的正确性、完整性评价；完成报告的完整性评价；安全文明和合作性评价等。 评价方式：由学生自评（自述、评价，占 10%）、小组评价（分组讨论、评价，占 20%）、教师评价（根据学生学习态度、工作报告及现场抽查知识或技能进行评价，占 70%）构成该同学该任务成绩

表 6.4　　　坐标放样记录表

测站点	$X=$	后视点	$X=$	方位角	
	$Y=$		$Y=$	距离/m	

测桩点号	设计坐标		实测坐标		偏差值/mm		备注
	X/m	Y/m	X/m	Y/m	ΔX	ΔY	

表 6.5　　　实训考核评价表[①]

考核指标	指标内涵	分值	学生自评	小组评分	教师评分	实得分数
准备工作（20）	准备工作完整性	10				
	实训步骤内容描述	8				
	知识掌握完整程度	2				
工作过程（45）	测量数据正确性、完整性	10				
	测量精度评价	5				
	报告完整性	30				
基本操作（10）	操作程序正确	5				
	操作符合限差要求	5				

续表

考核指标	指标内涵	分值	学生自评	小组评分	教师评分	实得分数
安全文明（10）	叙述工作过程应注意的安全事项	5				
	工具正确使用和保养、放置实训设备	5				
完成时间（5）	能够在要求的90分钟内完成，每超时5分钟扣1分	5				
合作性（10）	独立完成任务得满分	10				
	在组内成员帮助下得6分					
总分		100				

① 对接全国院校技能大赛测绘赛项放样项目的考核要求。

任务6.3　GNSS - RTK点位放样

GNSS
点位放样

6.3.1　实训目标

（1）掌握GNSS - RTK设备的连接及调试工作。

（2）掌握GNSS - RTK点位放样方法和作业流程。

6.3.2　实训准备与要求

6.3.2.1　实训准备

1. 场地准备

准备足够开阔室外场地（周围尽量无遮挡，无水域、电塔、高楼等）。室外可以选择宽阔的广场、操场或篮球场上进行操作练习。

2. 设备准备

华测精灵k90接收机6台（套）（包括手簿），对中杆及手簿托架。

3. 工具及材料准备

附近有CORS基站。

6.3.2.2　教师准备

提前在教学平台布置实训任务，发布GNSS - RTK设备连接及点位放样工作流程微课视频，让学生预习有关知识及操作步骤；准备好实训工具，制定好实训程序和步骤，指导学生进行实训活动。

6.3.2.3　学生准备

做好知识的预习与储备，掌握GNSS - RTK设备连接及点位放样工作步骤；积极参与实训活动。

6.3.2.4 安全与文明要求

学生听从指导教师的安排及指挥，不在测量作业面上相互打闹；保护好测量仪器及工具；遵守测量实训须知的安全与文明要求；主动保护模拟施工场地上的各种测量标记，发现标记移动或损毁后要第一时间上报指导教师。

6.3.3 实训内容

使用 GNSS - RTK 测设某已知坐标数据点的平面位置，并进行测量校核。最后对 GNSS - RTK 放样过程等关键环节做出总结，并上交实训成果资料。

6.3.4 实训步骤和方法

6.3.4.1 新建工程

按照课前发布的微课视频，对 GNSS - RTK 设备进行组装和连接。

打开测地通软件，选择“工程管理”→“新建”，输入工程名称，一般以日期或项目名称来命名。选择坐标系（此处如果没有所需的坐标系，可以选择“添加”找到需要的坐标系，也可以扫描参数）、修改中央子午线，点击“接受”→“确定”，就可以完成一个工程的新建，如图 6.5 所示。

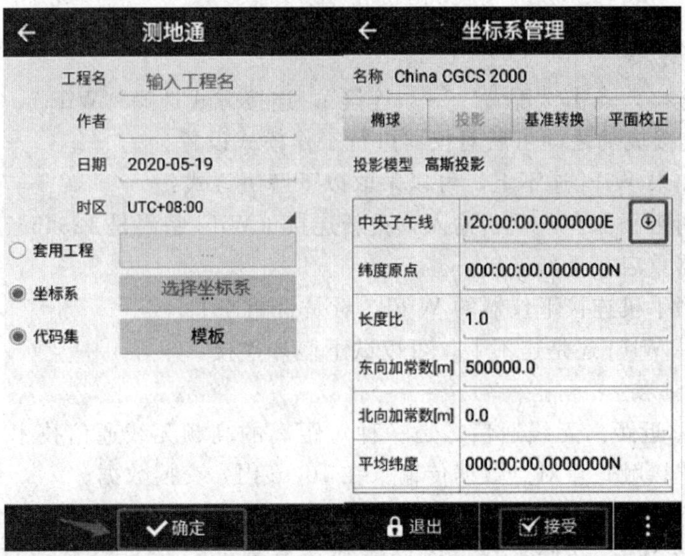

图 6.5 新建工程

6.3.4.2 连接仪器

使用 WiFi、蓝牙或者 NFC 方式连接仪器，仪器连接成功之后，进行工作模式设置。

1. 蓝牙连接

打开测地通软件，点击“配置”→“连接”，连接方式选择“蓝牙”，搜索目标设备的 SN 号（仪器底部查看）如图 6.6 所示。连接成功之后即可对仪器进行工作模式设置。如果蓝牙连接不上，可以重新配对，仪器重启，重新搜索连接或直接使用 WiFi 连接。一般多采用此方式连接。

图 6.6 蓝牙连接

2. WiFi 连接

同蓝牙连接，点击“配置”→“连接”，连接方式选择“WiFi”，搜索目标设备的 SN 号，连接成功之即可后对仪器进行工作模式设置。

注意：如果 WiFi 连不上，可以采取以下解决方式：

（1）取消密码保存，重新输入，重新连接（WiFi 密码是 12345678）。

（2）仪器重启，重新连接。

（3）使用手机连接下仪器的 WiFi，看是否能连上。

（4）如果 WiFi 还是连不上，可以试下蓝牙连接。

3. NFC 连接

NFC 又称近距离无线通信，是一种短距离的高频无线通信技术，允许电子设备之间进行非接触式点对点数据传输（在 10cm 内）交换数据。

将手簿背部 NFC 功能区靠至接收机 NFC 标识轻轻触碰，这时系统会自动打开手簿蓝牙或者 WiFi 开始连接，连接成功会有声音提示且会自动打开 LandStar7 软件。

6.3.4.3 工作模式设置

1. CORS 工作模式

选择 CORS 模式，仪器连接成功之后，选择“移动站设置”→“新建”→“网络”，如图 6.7 所示。工作模式设置成功，移动站的差分数据灯一秒一闪，手簿软件显示固定，说明工作模式设置成功，即可开始测量作业。一般多选用此种作业模式。

2. 一键固定

也可以选择“一键固定”工作模式。仪器连接成功之后，选择“一键固定”→“服务激活”输入预码，预码输入成功之后，选择需要的接入点，单击“启动”，移

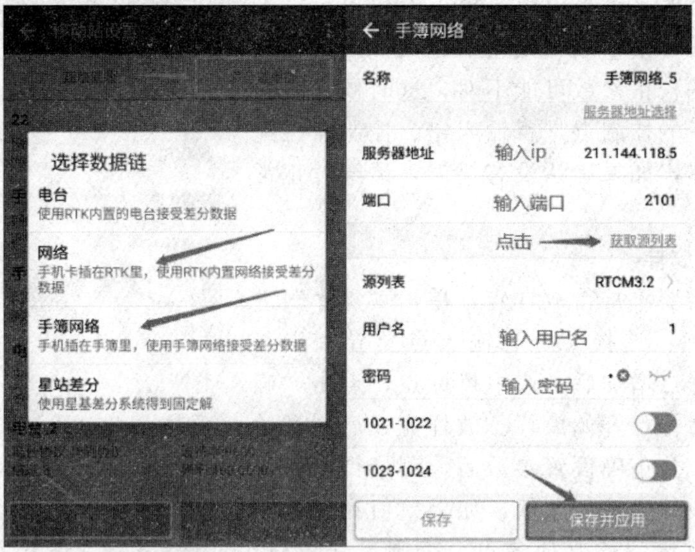

图 6.7　CORS 工作模式设置

动站的差分数据灯一秒一闪，手簿软件显示固定，说明启动成功，如图 6.8 所示。即可开始测量作业，且下次作业时开机就可以固定。

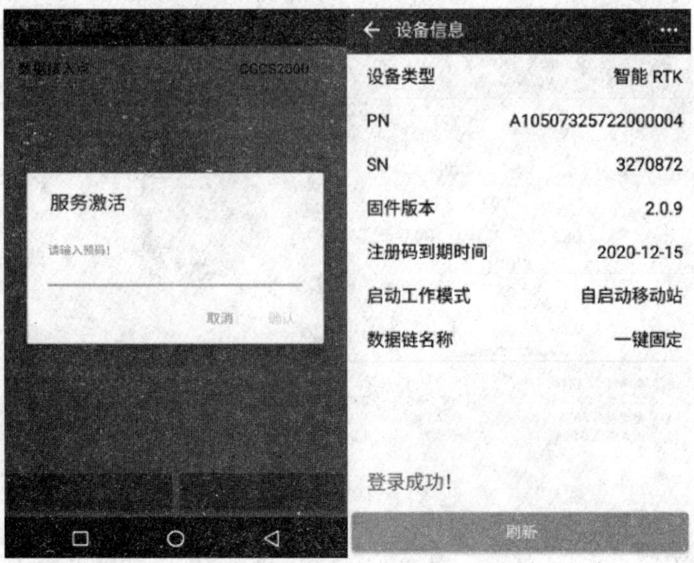

图 6.8　“一键固定”工作模式设置

6.3.4.4　点校正

仪器达到固件解之后，若无参数，就需要做点校正。

首先输入已知点，然后去采集 GNSS 点，最后点击“测量”→“点校正”，依次添加完参与校正的点对之后，单击“保存”→“计算”，如图 6.9 所示。如果残差在要求的范围内，单击“应用”，提示“是否替换当前工程参数”→选择“是”。

需要注意的是，当应用点校正参数提示“平面校正中比例异常”或“残差值过大”时，根据经验判断出的校正参数可能不对，这时候建议检查参与点校正的控制点是否输入错、控制点匹配时是否对应错，如果确认没有错误，请继续正常作业。

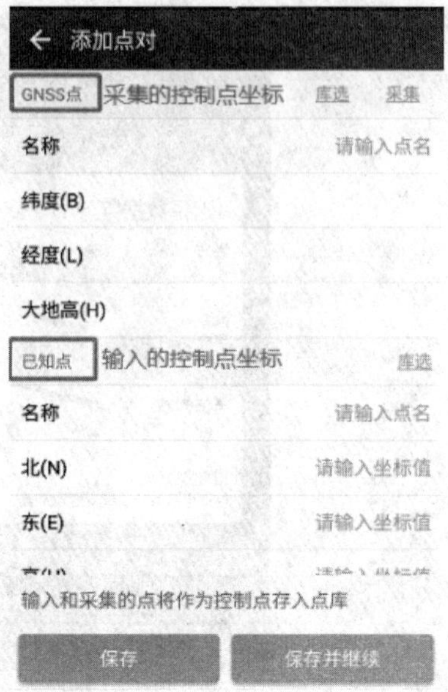

图 6.9 点校正

6.3.4.5 点放样

首先，需要添加待放样点，单击“点库”进入待放样点库：选择“所有输入点及导入点”。然后，待放样点增加后，选中目标点，点击“确定”或双击目标点开始放样。放样完成后，开始测量校核点位，正确设置参数后，测量得出所放点的坐标和设计坐标的差值，如果差值在要求范围以内，则继续放样其他各点，否则重新放样，标定该点，如图 6.10 所示。

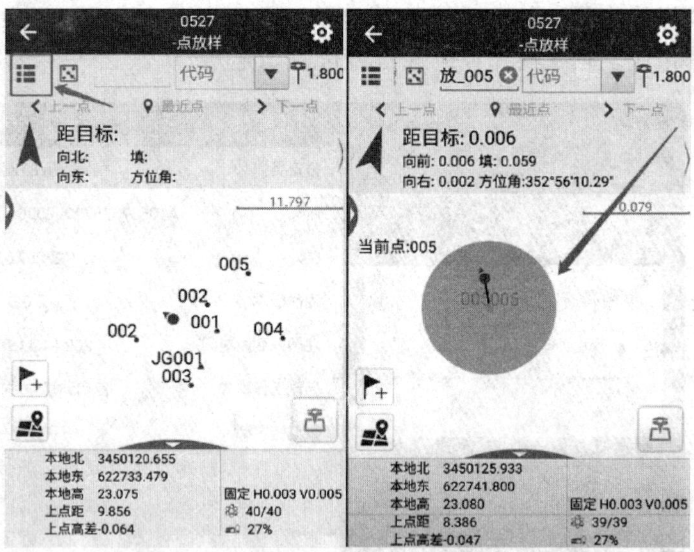

图 6.10 点放样

6.3.5 注意事项

（1）GNSS-RTK 设备上空尽量无遮挡，周围无水域、电塔、高楼等，防止影响数据接收。

（2）在点位测量放样时，尽量不要晃动。

（3）GNSS-RTK 属精密贵重测量仪器，要防止日晒、防雨淋、防碰撞。

（4）对中杆与 RTK 设备连接中心要旋紧，防止设备脱落。

（5）设备箱子要照看好，防止丢失。

（6）GNSS-RTK 点位放样往往需要团队的绝好配合，强调相互合作。

（7）埋设的测量标志尽可能避开施工人员的必经通道，测量标志应坚实牢固，以防被损坏。

6.3.6 GNSS－RTK 点位放样实训报告

实训任务书见表 6.6，坐标放样记录表见表 6.7，实训考核评价表见表 6.8。

表 6.6　　实 训 任 务 书

实训任务	GNSS－RTK 点位放样		建议学时	4
班级		姓名	工作日期	
实训目标	1. 掌握用 GNSS－RTK 各组成部分及连接与调试。 2. 熟练掌握接收机参数及手簿设置。 3. 学会使用 GNSS－RTK 进行点位放样			
实训内容	GNSS－RTK 点位放样 学会使用 GNSS－RTK 测设某已知坐标数据点的平面位置，最后进行测量校核			
安全须知	学生听从指导教师的安排及指挥，不在测量作业面上相互打闹；保护好测量仪器及工具；遵守测量实训须知的安全与文明要求；主动保护模拟施工场地上的各种测量标记，发现标记移动或损毁后要第一时间上报指导教师			
实习成果	实训报告			
实训要求	1. 具备 GNSS－RTK 点位放样的基础知识。 2. 具备 GNSS－RTK 各组件连接、手簿调试的知识。 3. 熟练掌握华测测地通软件操作流程。 4. 具备几何方面的基础知识。 5. 具备一定的实践动手能力、自学能力、数据计算能力、沟通协调能力、语言表达能力和团队意识。 6. 严格遵守课堂纪律，不迟到、不早退；学习态度认真、端正。 7. 每位同学必须积极参与小组讨论。 8. 完成“GNSS－RTK 点位放样”实训报告			
考核评价	评价内容：仪器操作正确性和工作效率评价；测量数据的正确性、完整性评价；完成报告的完整性评价；安全文明和合作性评价等。 评价方式：由学生自评（自述、评价，占 10%）、小组评价（分组讨论、评价，占 20%）、教师评价（根据学生学习态度、工作报告及现场抽查知识或技能进行评价，占 70%）构成该同学该任务成绩			

表 6.7　　坐 标 放 样 记 录 表

测桩点号	设计坐标		实测坐标		偏差值/mm		备注
	X/m	Y/m	X/m	Y/m	ΔX	ΔY	

表 6.8　　实训考核评价表

考核指标	指标内涵	分值	自评	小组评分	教师评分	实得分数
准备工作（20）	准备工作完整性	10				
	实训步骤内容描述	8				
	知识掌握完整程度	2				
工作过程（55）	测量数据正确性、完整性	10				
	精度评价	5				
	报告完整性	40				
基本操作（10）	操作程序正确	5				
	操作符合作业要求	5				
完成时间（5）	能够在要求的90分钟内完成，每超时5分钟扣1分	5				
合作性（10）	独立完成任务得满分	10				
	在组内成员帮助下得6分					
总分		100				

思政园地：三峡大坝建设历程

经过几十年的论证，三峡工程终于在1992年获得了全国人大常委会的批准，并于1994年正式开工建设。根据总体建设方案，“一级开发，一次建成，分期蓄水，连续移民”。工程共分三期进行，总计需17年。

一期工程从 1993 年初开始，利用江中的中堡岛，围护住其右侧后河，筑起土石围堰深挖基坑，并修建导流明渠。1997 年 11 月，导流明渠建成，长江水开始从明渠流过，为大坝基础施工腾出空间。1998 年 6 月，大坝基础混凝土浇筑开始，标志着一期工程的完成。

二期工程从 1998 年底开始，主要是大坝主体和左右岸电站的建设。2003 年 6 月，大坝主体混凝土浇筑完成，达到了 175m 的设计高度。同年 7 月，第一台 70 万 kW 水轮发电机组投入运行，开始发电。2006 年 10 月，左右岸电站全部 26 台机组投产发电，总装机容量达到 1840 万 kW。

三期工程从 2007 年初开始，主要是右岸地下电站和船闸的建设。2008 年 4 月，右岸地下电站第一台 70 万 kW 机组投入运行。2012 年 7 月，右岸地下电站全部 6 台机组投产发电，总装机容量达到 2250 万 kW。同年 10 月，船闸正式通航，实现了长江三峡上下游的畅通。至此，三峡工程全部建成。

三峡工程的建成是中国工程技术的一个里程碑，它创造了很多世界之最。比如说，它是世界上最大的水坝，混凝土体积达到了 1610 万 m^3；它是世界上最大的水电站，总装机容量达到了 2250 万 kW；它是世界上最大的船闸，单孔可通过 1 万 t 级船舶；它是世界上最大的移民工程，共有 120 多万人搬迁。

三峡大坝的建设过程充满了艰辛和辉煌，它展示了中国人民的智慧和勇气，也反映了中国社会的进步和变化。它不仅为中国提供了巨大的能源和水利资源，也为世界提供了一个可持续发展的范例。当然，它也存在着一些不足和问题，需要我们不断地改进和完善。三峡大坝是一个永无止境的工程，它需要我们后人继续关注和维护。

模块 2　水利工程勘测设计阶段测量工作

万家寨水利枢纽工程位于黄河北干流托克托至龙口河段峡谷内，是黄河中游规划开发的 8 个梯级中的第一个工程，也是山西省引黄入晋工程的起点，左岸隶属山西省偏关县，右岸隶属内蒙古自治区准格尔旗。坝址控制流域面积 39.5 万 m^2，水库总库容 8.96 亿 m^3，调节库容 4.45 亿 m^3。具有供水、发电、防洪、防凌等综合效益。万家寨水利枢纽工程由拦河坝、泄水建筑物、电站厂房、开关站、引黄取水口等组成。

万家寨工程建成后，水库运行采用“蓄清排浑”的运行方式，每年向内蒙古和山西省供水可达 14 亿 m^3，向内蒙古准格尔旗供水 2.0 亿 m^3，引黄入晋工程从万家寨枢纽取水，年引水总量 12 亿 m^3，其中向山西平朔、大同供水 5.6 亿 m^3，向太原供水 6.4 亿 m^3。建成后可为以火电为主的华北电力系统提供调峰容量，对改善华北地区电网运行条件起到重要作用。

2024 年 1 月，从万家寨水务控股集团有限公司获悉，万家寨引黄工程 2023 年累计向永定河调引黄河水约 2.17 亿 m^3，生态补水大大缓解了晋、冀、京、津四省市的生态环境压力。

近年来，随着社会经济的快速发展，人们对水生态环境的要求也越来越高。基于现有水域环境和自然要素，实施生态环境修复工程，建成集蓄水、生态、防洪、人文于一体的生态景观水利系统。河道整治工程的设计内容主要包括河道平面布置、河道纵向设计、生态主槽设计、河道堤防设计及相关计算等。

现需完成项目区 1∶500 全要素数字地形图和纵横断面图测绘，为设计提供依据。

项目 7

大比例尺地形图测绘

【学习目标】

通过学习地形图基本知识、GNSS-RTK 野外数据采集及内业成图、无人机摄影测量影像获取及 DLG 生产的原理与方法，能够利用 GNSS-RTK 测量系统、无人机摄影测量系统完成数字测图任务，使学生在学习的过程中锻炼专业能力、方法能力和社会能力等综合职业能力。

【情感、态度与价值观目标】

1. 采用国产北斗接收机新设备，使学生了解我国基本国情，增强政治认同，激发学生爱党、爱国、爱社会主义的家国情怀。

2. 利用“一键固定”设备启动新技术，使学生了解测绘科技发展依赖于 BDS 的自主创新，鼓舞学生不断践行科学精神，提高自主创新能力，为科技强国贡献自己的青春力量。

3. 在北斗接收机野外数据采集过程中，引入新标准《1∶500　1∶1000　1∶2000 外业数字测图规程》(GB/T 14912—2017)，使学生树立规范意识，控制测量精度，培养学生注重细节、严谨认真的职业素养，一丝不苟、精益求精的“工匠精神”。

4. 以北斗卫星导航系统惠及全球的视频，鼓舞学生弘扬新时代“自主创新、开放融合、万众一心、追求卓越”的北斗精神，身心投入，掌握核心技能，勇于担当，服务国民经济，为中国特色社会主义事业贡献自己的力量。

任务 7.1　地 形 图 认 识

7.1.1　实训目标

(1) 掌握地形图的基本知识。

(2) 熟知地形图比例尺、地物地貌的表示方法。

地形图认识

7.1.2　实训准备与要求

7.1.2.1　实训准备

(1) 地形图若干幅。

(2) 2017 版国家基本比例尺地图图式资料，如图 7.1 所示。

1. 工具准备

三角板、铅笔。

2. 实训地点

理实一体教室。

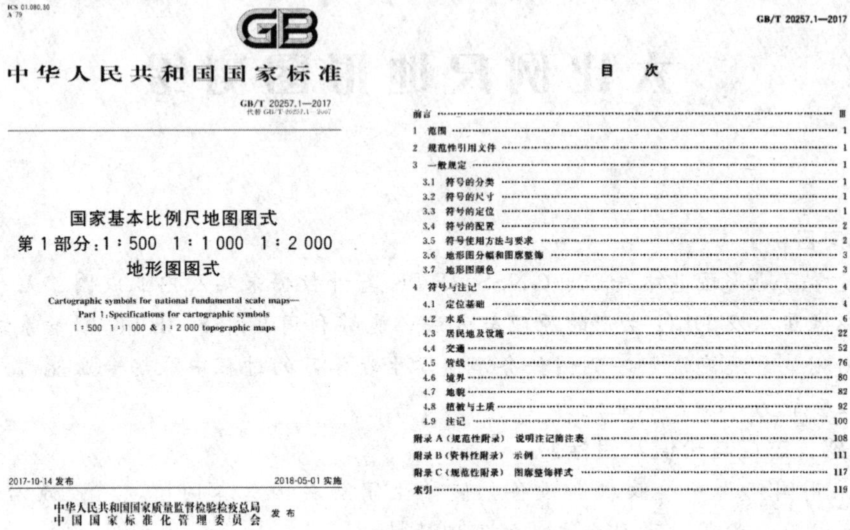

图 7.1　国家基本比例尺地图图式

7.1.2.2　教师准备

提前在教学平台布置实训任务，发布地形图认识的微课视频，让学生预习有关知识及操作步骤；按照预先的每 4 人分一组，准备好实训材料，制定好实训程序和步骤，指导学生进行实训活动。

7.1.2.3　学生准备

做好知识的预习与储备，提前准备好地形图，按照组内分工积极参与地形图认识实训活动。

7.1.2.4　安全与文明要求

学生听从指导教师的安排及指挥，不在测量作业面上相互打闹；保护好测量图纸及工具；遵守测量实训须知的安全与文明要求。

7.1.2.5　参考资料

《工程测量规范》（GB 50026—2022）、《工程测量员国家职业标准》（6－01－02－04）、《水利水电工程施工测量规范》（SL 52—2015）、《工程测量通用规范》（GB 55018—2021）。

7.1.3　实训步骤和方法

7.1.3.1　数学要素识读

1. 比例尺

用分子为 1，分母为整数的分数表示的比例尺称为数字比例尺，即

$$\frac{d}{D}=\frac{1}{M} \tag{7.1}$$

式中　d——图上长度；

D——实际实地长度；

M——比例尺的分母，缩小的倍数。

通常把 1∶500、1∶1000、1∶2000、1∶5000 比例尺的地形图，称为大比例尺地形图；1∶10000、1∶25000、1∶50000、1∶100000 比例尺的地形图，称为中比例尺地形图；小于 1∶100000 比例尺的地形图称为小比例尺地形图。

2. 方里网

方里网由平行于直角坐标轴的两组平行线构成，每隔整公里绘制一次坐标纵线和坐标横线，因其网格构成的方格特性，以公里为单位而得名。方里网不仅是地图上的一个基本参考系，也称直角坐标网。

7.1.3.2　地物的识读

地物是用地物符号和注记来表示的。一般将地物符号分为比例符号、非比例符号、半比例符号。

1. 比例符号

当地物较大时，如房屋、运动场、湖泊、森林、田地等，可将其形状、大小和位置按测图比例尺缩绘在图上的符号，称为依比例符号，这类符号能表示地物的轮廓特征。

2. 非比例符号

当地物轮廓较小，或无法将其形状和大小按比例画到图上的地物，如三角点、水准点、独立树、里程碑、水井和钻孔等，就采用一种统一规格、概括形象特征的象征性符号表示，这种符号称为非比例符号，只表示地物的中心位置，不表示地物的形状和大小。

3. 半比例符号

对于一些线状而延伸的地物，如河流、道路、通信线、管道、垣栅等，其长度能按比例缩绘，但其宽度不能按比例缩绘，这种符号称为半比例符号，这种符号一般表示地物的中心位置，但是城墙和垣栅等，其准确位置在其符号的底线上。

4. 地物注记

有些地物除了用相应的符号表示外，对于地物的性质、名称等在图上还需要用文字和数字加以注记。文字注记如地名、路名、单位名等，数字注记如房屋层数、等高线高程、河流的水深、流速等。

7.1.3.3　地貌的识读

1. 等高距和等高线平距

地形图上相邻等高线之间的高差 h，称为等高距，同一幅地形的等高距是相同的，因此地形图的等高距也称为基本等高距。相邻等高线间的水平距离 d，称为等高线平距。坡度与平距成反比，d 越大，表示地面坡度越缓，反之越陡。

用等高线表示地貌，若等高距越小，用等高线表示的地貌细部越详尽；等高距越大，地貌细部表示得越粗略。

2. 等高线的种类

（1）首曲线。根据基本等高距测绘的等高线称为首曲线，又称基本等高线。故首曲线的高程必须是等高距的整倍数。在图上，首曲线用细实线描绘，如图 7.2 所示。

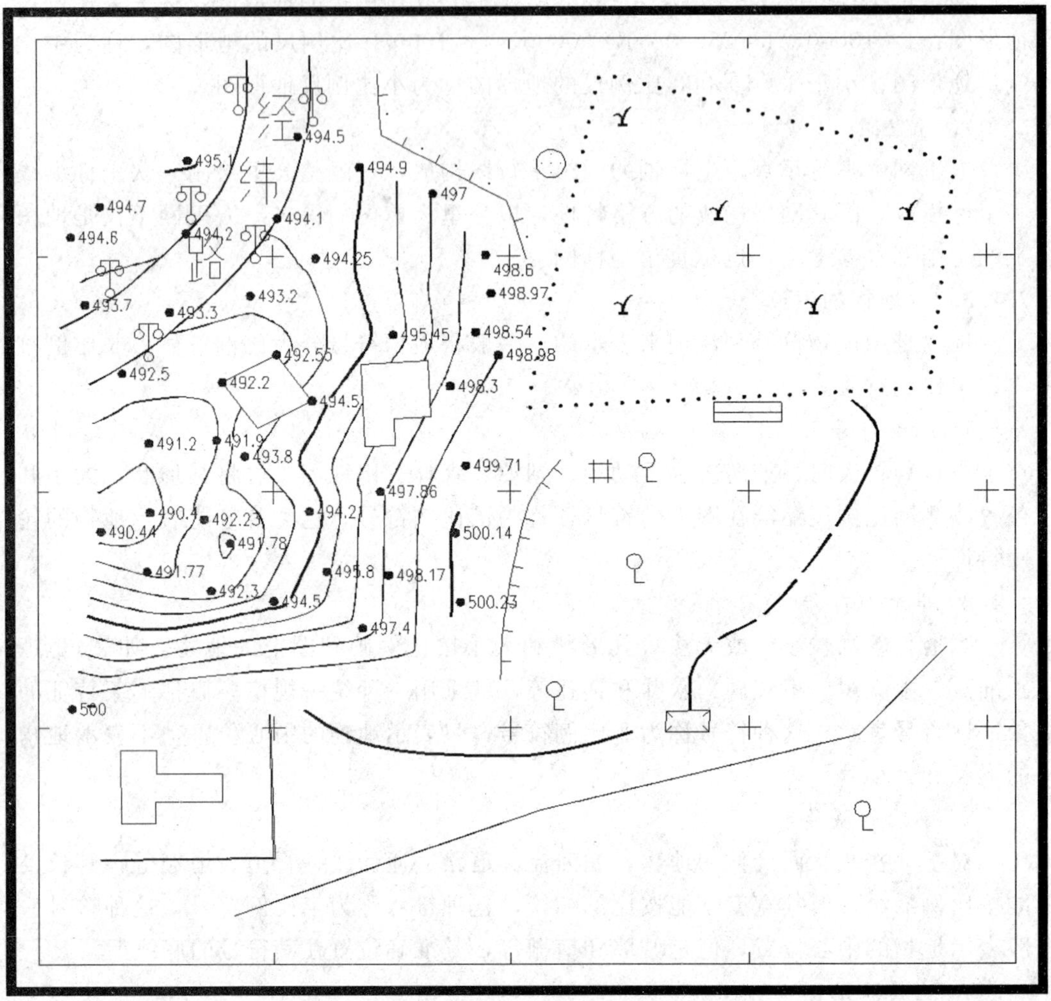

图 7.2　地形图

（2）计曲线。为了读图方便，每隔四根等高线加粗描绘一根等高线，并在该等高线上的适当部位注记高程，该等高线称为计曲线，也称加粗等高线。

（3）间曲线。为了显示首曲线不能表示的详细地貌特征，可按 1/2 基本等高距描绘等高线，这种等高线称为间曲线，也称半距等高线，在地形图上用长虚线描绘。

（4）助曲线。按 1/4 基本等高距描绘的等高线称为助曲线。在图上用短虚线描绘。间曲线和助曲线都是用于表示平缓的山头、鞍部等局部地貌，或者在一幅图内坡度变化很大时，也常用来表示平坦地区的地貌。间曲线和助曲线都是辅助性曲线，在图幅中何处加绘没有硬性规定，在图幅中也可不需自行闭合。

根据以下地形图，写出识读的相关数学要素、地理要素。

7.1.4 地形图认识实训报告

实训任务书见表 7.1，实训考核评价表见表 7.2。

表 7.1 实训任务书

<table>
<tr><td>实训任务</td><td colspan="3">地形图认识</td><td>建议学时</td><td>2</td></tr>
<tr><td>班级</td><td></td><td>姓名</td><td></td><td>工作日期</td><td></td></tr>
<tr><td>实训目标</td><td colspan="5">1. 掌握地形图的基本知识。
2. 熟知地形图比例尺、地物地貌的表示方法</td></tr>
<tr><td>实训内容</td><td colspan="5">地形图认识，学会识读地形图的顺序，从数学要素到地形要素要识读全面</td></tr>
<tr><td>安全须知</td><td colspan="5">学生听从指导教师的安排及指挥，不在测量作业面上相互打闹；保护好测量仪器及工具；遵守测量实训须知的安全与文明要求；主动保护模拟施工场地上的各种测量标记，发现标记移动或损毁后要第一时间上报指导教师</td></tr>
<tr><td>实习成果</td><td colspan="5">实训报告</td></tr>
<tr><td>实训要求</td><td colspan="5">1. 了解地形图认识的重要意义。
2. 具备比例尺的相关知识。
3. 熟练掌握各地物要素的表示方法。
4. 具备地形图要素相关的基础知识。
5. 具备一定的实践动手能力、自学能力、数据计算能力、沟通协调能力、语言表达能力和团队意识。
6. 严格遵守课堂纪律，不迟到、不早退；学习态度认真、端正。
7. 每位同学必须积极参与小组讨论。
8. 完成“地形图认识”实训报告</td></tr>
<tr><td>考核评价</td><td colspan="5">评价内容：仪器操作正确性和工作效率评价；测量数据的正确性、完整性评价；完成报告的完整性评价；安全文明和合作性评价等。
评价方式：由学生自评（自述、评价，占 10%）、小组评价（分组讨论、评价，占 20%）、教师评价（根据学生学习态度、工作报告及现场抽查知识或技能进行评价，占 70%）构成该同学该任务成绩</td></tr>
</table>

表 7.2 实训考核评价表

考核指标	指标内涵	分值	学生自评	小组评分	教师评分	实得分数
准备工作（20）	准备工作完整性	10				
	实训步骤内容描述	8				
	知识掌握完整程度	2				
工作过程（50）	比例尺识读	10				
	地物识读	20				
	地貌识读	20				
安全文明（10）	叙述工作过程应注意的安全事项	5				
	地形图的正确使用与涉密要求	5				

续表

考核指标	指标内涵	分值	学生自评	小组评分	教师评分	实得分数
完成时间（10）	能够在要求的90分钟内完成，每超时5分钟扣1分	10				
合作性（10）	独立完成任务得满分	10				
	在组内成员帮助下得6分					
总分		100				

任务7.2 数 字 测 图

7.2.1 实训目标

数字测图

（1）掌握GNSS－RTK碎部点数据采集方法。

（2）能够绘制该测区的1∶500数字地形图。

7.2.2 实训准备与要求

7.2.2.1 实训准备

1. 场地准备

碎部点数据采集可选择校内实训场进行。已完成测区控制测量，现场平面和高程控制点保存完好，可连接CORS基站信号。

地形图绘制可选择数据处理实训室进行。已安装基于AutoCAD平台的数字测图CASS软件。

2. 设备准备

使用国产GNSS接收机，支持GPS＋BDS＋Glonass＋Galileo＋QZSS 5星21频，平面精度为±（$8+1.0\times10^{-6}\times D$）mm、高程精度为±（$15+1.0\times10^{-6}\times D$）mm，要求状态稳定有固定解；与仪器配套的碳纤维对中杆、天线、手簿及软件、数据线等要求状态良好，无部件损坏，如图7.3所示。

3. 工具及材料准备

每组准备5m长的卷尺1个。板夹、草图纸、铅笔、米尺、橡皮。

7.2.2.2 教师准备

提前在教学平台布置实训任务，发布数字测图工作程序的微课视频，让学生预习有关知识及操作步骤；按照预先的每4人分一组，准备好实训工具和材料，制定好实训程序和步骤，指导学生进行实训活动。

7.2.2.3 学生准备

做好知识的预习与储备，掌握数字测图的方法；提前分析数字测图的工作程序，严格遵照本实训教程操作要求和注意事项，按照组内分工积极参与实训活动。

7.2.2.4 安全与文明要求

学生听从指导教师的安排及指挥，不在测量作业面上相互打闹；保护好测量仪

图 7.3 GNSS 设备

器及工具；遵守测量实训须知的安全与文明要求；主动保护数字测图场地上的各种测量标记，发现标记移动或损毁后要第一时间上报指导教师。

7.2.2.5 参考资料

《工程测量规范》(GB 50026—2022)、《工程测量员国家职业标准》(6-01-02-04)、《水利水电工程施工测量规范》(SL 52—2015)、《工程测量通用规范》(GB 55018—2021)、《全球定位系统（GPS）测量规范》(GB/T 18314—2009)、《1∶500 1∶1000 1∶2000 外业数字测图规程》(GB/T 14912—2017)、《测绘技术设计规定》(CH/T 1004—2017)、《测绘技术总结编写规定》(CH/T 1001—2017)。

7.2.3 实训步骤和方法

在实际工作中，大比例尺数字测图主要指野外实地测量即地面数字测图，也称野外数字化测图。大比例尺数字测图的任务是采集地物和地貌的特征点，然后绘制地形图，供各项工程建设获取多种、大量的所需信息。

7.2.3.1 GNSS-RTK 碎部点数据采集

1. 移动站的组装、设置及启动

将准备好的设备按照如图 7.4 方式组装成 GNSS-RTK 移动站。

工作方式选择自启动移动站；SIM 卡插在接收机里，数据接收方式则选择“网络”，SIM 卡插在手簿里或手簿连接热点，数据接收方式则选择“手簿网络”；通信协议选择 CORS，IP 地址和端口选择 CORS 站的 IP 地址和端口；APN 点击右边设置；源列表点击右边下载，然后在下拉列表中选择所需要的；填写用户名和密码，保存并命名。移动站参数基本设置如图 7.5 所示。

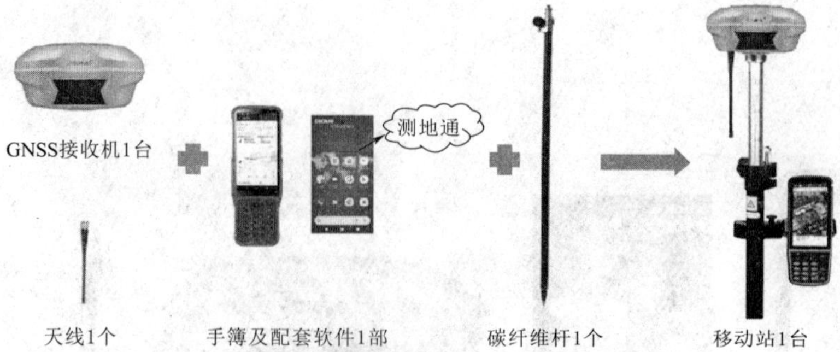

图 7.4　移动站的组装

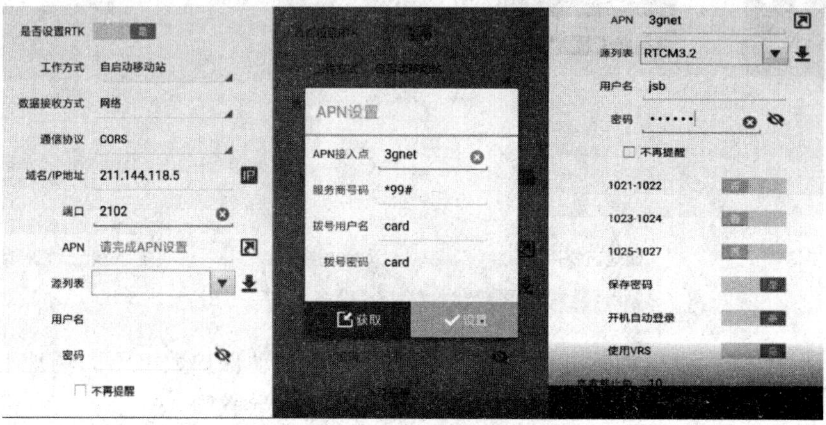

图 7.5　移动站参数基本设置

选中新建好的工作模式，单击接受，如图 7.6 所示。设置成功后，可进入设备信息查看是否登录成功，如图 7.7 所示。然后检查移动站差分灯闪烁是否正常，最后检查手簿是否有固定解。

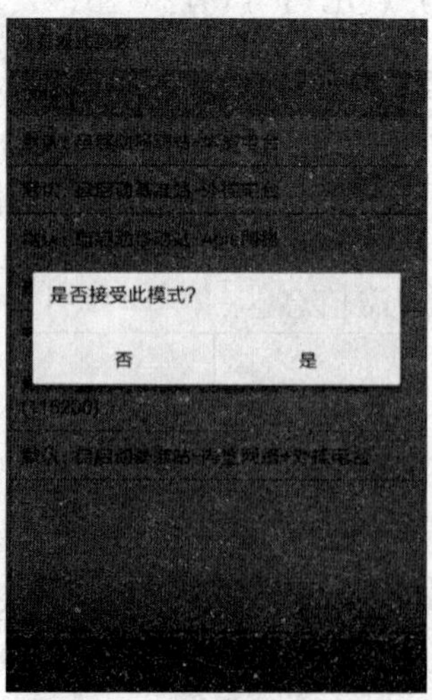

图 7.6　接受工作模式

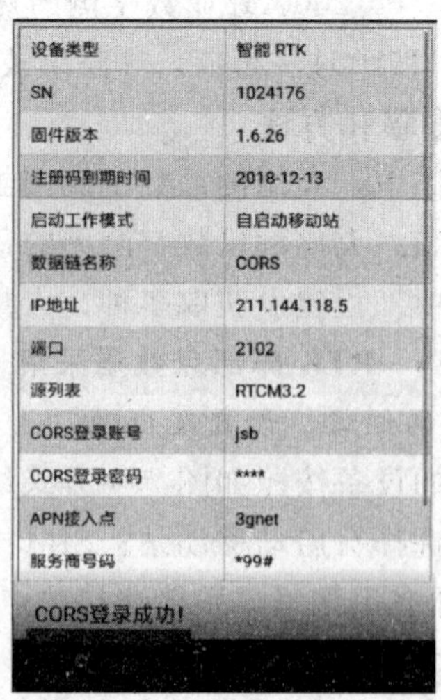

图 7.7　检查登录状态

2. 碎部点数据采集

（1）新建工程。打开 LandStar7，进入“工程管理”界面，单击“新建工程”，填写工程名，然后进行坐标系参数设置，如图 7.8 所示。

图 7.8　工程管理界面、新建工程

（2）坐标系参数设置。坐标系参数设置内容包括：坐标系、投影方式、中央子午线经度、基准转换参数（未启用可以不填写）或平面校正和高程拟合参数设置（未启用可以不填写）。最后接受，工程新建完毕，如图 7.9 所示。

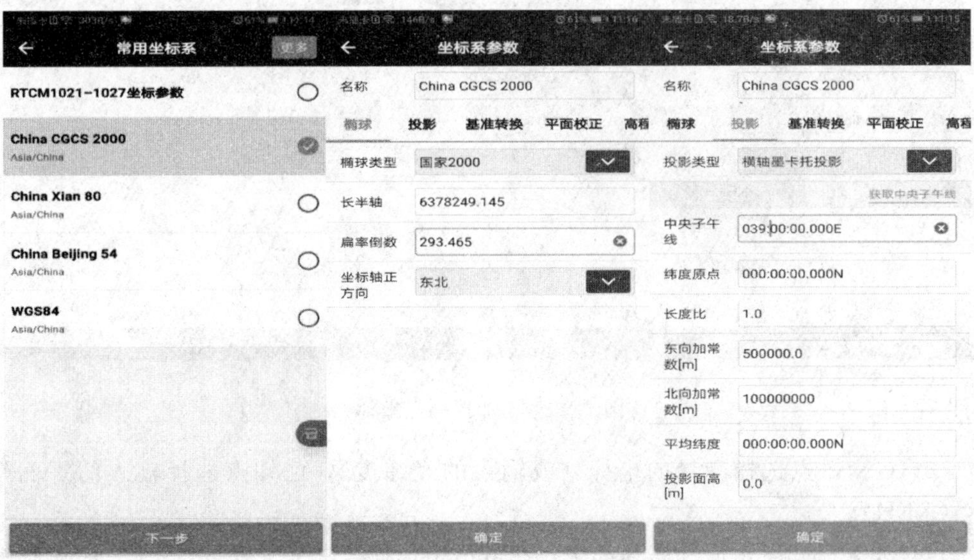

图 7.9　坐标系参数设置

需要设置参数有：

1）参考椭球体参数（即坐标系统）：CGCS2000。

2）长半轴：6378294.1450。

3）扁率：293.465。

4）中央子午线经度：111°00′00.00″E。

5）纵、横坐标的加常数，东向加常数为500000，北向加常数一般为10000000（若提供的Y坐标是8位，则前两位是带号，那么东向加常数为带号+500000）。

6）长度比，一般为1。

7）投影方式：横轴墨卡托投影。

（3）点校正（测区参数求解）。用华测LandStar7软件参数计算方法：利用控制点坐标库求平面校正和高程拟合参数。

1）在校正之前，首先必须采集控制点坐标，一般大于3个以上控制点，采集完成后在点管理界面中单击“添加”，根据提示依次增加控制点的已知坐标，然后单击“确定”，继续添加控制点原始坐标。

2）控制点坐标全部添加完成后单击“点校正”，高程拟合方法选择TGO，单击界面中的“添加”，如图7.10所示。

图7.10 添加控制点坐标

3）GNSS点选择测量的坐标（或输入的经纬度），已知点选择输入的平面坐标（NEH）。

4）如果已知点平面和高程都用，在方法中选择“水平+垂直校正”，以此选择完所有的控制点。

5）在“测量-点校正”界面点击“计算”，如果残差较小，说明校正合格，单击“应用”，在弹出的提示中选择“是”。完成点校正，如图 7.11 所示。

说明：在求完平面校正和高程拟合参数后，一定要查看一下平面校正中的比例因子 K，一般 K 的范围保证在 0.9999～1.0000 之间。这样才能确保采集精度。查看平面校正和高程拟合参数：项目→坐标系参数→平面校正和高程拟合参数。

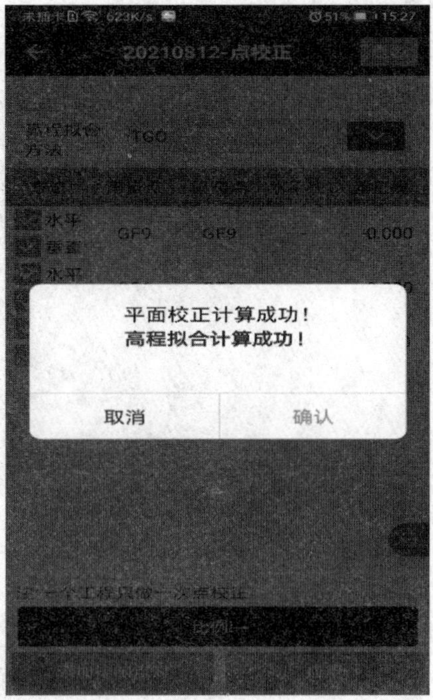

图 7.11　点校正成功

（4）点测量。

GNSS-RTK 地形测量适用于数字测图中碎部点的数据采集，数据采集要求为：

地物碎部点尽量选在地物轮廓线的转折、交叉、弯曲点及独立地物的中心点处。

地貌特征点通常选在最能反映地貌特征的山脊线、山谷线等地形线上，如山顶、山脊、山脚、谷底、谷口、沟底、洼地等的坡度和方向变化处。斜坡坎、陡崖，应该在坎上、下边缘、崖上、下边缘分别立杆测量，并记录坎、崖的走向，测量陡坎时，最好坎上坎下同时测点，或在坎上边缘立尺，量出坎下点的比高。这样生成的等高线才能真实地反映实际地貌。

点校正完成之后，开始碎部点采集，使用“点测量”功能。操作步骤为：

1）打开手簿“测地通”软件，点击“测量”，进入“点测量”，输入点名、天线高，方法选择“地形点”，扶稳杆使气泡严格居中，在固定解条件下，点击右下角“测量”按钮，如图 7.12 所示。

2）进入“点管理”界面，查看已测点，如图 7.13 所示。

（5）草图的绘制。

草图的绘制是全数字化测图的一种作业模式，一般由作业组长具体记录地物的位置、形状、属性等内容；指挥移动站测量员什么地方要立，怎样取舍；是内业不可缺少的重要组成部分。草图绘制时应满足以下要求：

1）绘制草图时，对于地物、地貌，原则上采用图式所规定的符号绘制，对于复杂的图式符号，可以简化或自行定义。但数据采集时所使用的地形码，必须与草图绘制的符号一一对应。

2）草图必须标注所测点的测点编号，且标注的测点编号应与仪器的记录点号严格一致（建议测 5～10 个点和测站对点号）。

3）草图上地形要素（所测点）的位置、属性和相互关系等之间的相关位置必须清楚正确，测点应加粗记录。

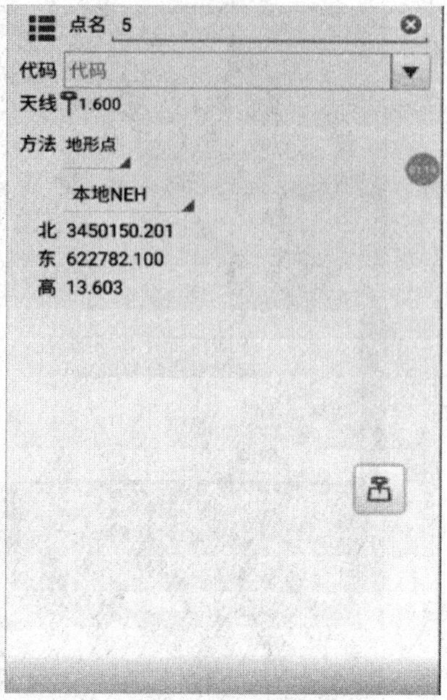

图 7.12 RTK 定位的控制点分布要求

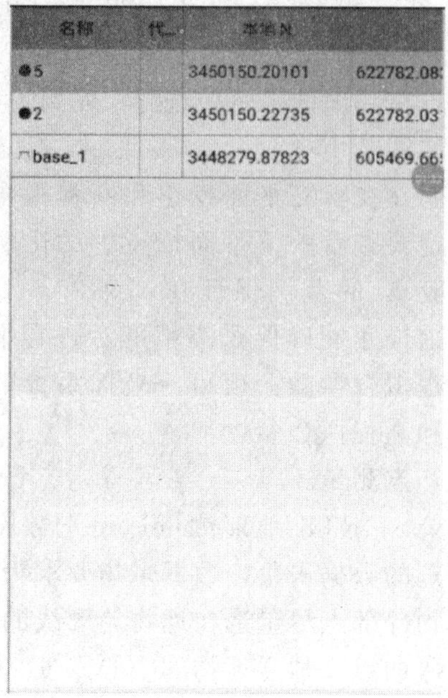

图 7.13 点管理界面查看已测点

4）草图的绘制要遵循清晰、易读、相对位置准确，真方向、比例一致的原则。在测量每一个碎部点时可以在 GNSS－RTK 手簿里输入地物编码。

7.2.3.2 数字成图

1. 成果数据导出

导出点的作用是把点坐标导出为需要的格式，CASS 识别的数据文件格式为（点名，编码，*X* 坐标，*Y* 坐标，*H* 高程），文件扩展名为 .dat，具体格式如图 7.14 所示。由于所采用的 RTK 接收机不同，所用的软件也就不同。下面以华测公司 LandStar 测量软件为例，介绍 RTK 数据的导出。

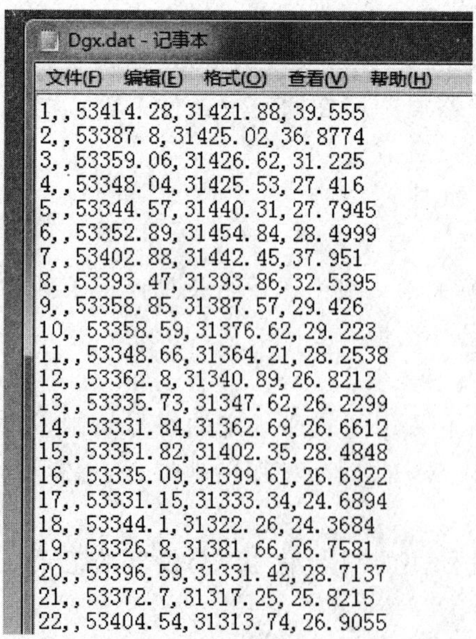
Dgx.dat - 记事本

文件(F) 编辑(E) 格式(O) 查看(V) 帮助(H)

```
1,,53414.28,31421.88,39.555
2,,53387.8,31425.02,36.8774
3,,53359.06,31426.62,31.225
4,,53348.04,31425.53,27.416
5,,53344.57,31440.31,27.7945
6,,53352.89,31454.84,28.4999
7,,53402.88,31442.45,37.951
8,,53393.47,31393.86,32.5395
9,,53358.85,31387.57,29.426
10,,53358.59,31376.62,29.223
11,,53348.66,31364.21,28.2538
12,,53362.8,31340.89,26.8212
13,,53335.73,31347.62,26.2299
14,,53331.84,31362.69,26.6612
15,,53351.82,31402.35,28.4848
16,,53335.09,31399.61,26.6922
17,,53331.15,31333.34,24.6894
18,,53344.1,31322.26,24.3684
19,,53326.8,31381.66,26.7581
20,,53396.59,31331.42,28.7137
21,,53372.7,31317.25,25.8215
22,,53404.54,31313.74,26.9055
```

图 7.14 CASS 识别的数据文件格式

单击主界面“导出”，软件会把需要导出的点导出在手簿内存中的某一路径下，可通过同步软件将文件复制到电脑上。成果数据导出对话框如图 7.14 所示。

“导出点类型”：用户可选择导出点类型包括输入点、测量点、放样点、计算点四种。

“时间”：可通过设定起始时间和截止时间选择要到导出的点。

“坐标系统”：可选择平面或经纬度。

“文件类型”：.txt，.csv 类型的文件格式，多种固定排列格式可选，能满足大部分客户需求，用户也可自定义文件格式。

“路径”：选择文件导出路径，单击导出，如图 7.15 所示。

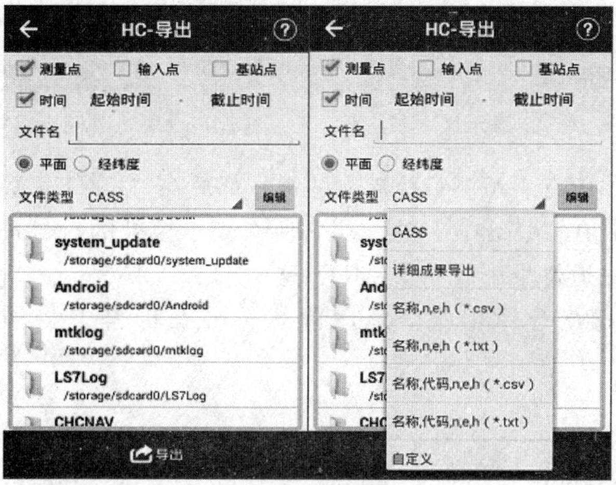

图 7.15　成果数据导出对话框

2. 绘图处理

运用南方 CASS9.0 软件进行内业成图，绘图处理分“定显示区”和“展野外测点点号”二步进行。

（1）定显示区。

定显示区的作用是根据要输入的 CASS 坐标数据文件中的坐标值定义绘图区域的大小，以保证所有点都可见，如图 7.16 所示。

例如，执行下拉菜单“绘图处理”→“定显示区”命令，在弹出的标准文件选择对话框，选择 CASS 自带的坐标数据文件“YMSJ.DAT”，点击“打开”按钮完成定显示区的操作。同时在命令行给出了下列提示：

最小坐标（m）：$X=31067.315$，$Y=54075.471$

最大坐标（m）：$X=31241.270$，$Y=54220.000$

（2）展野外测点点号。

该命令位于下拉菜单“绘图处理”→“展野外测点点号”，其创建的点位和点号对象位于“zdh”（意为展点号）图层，其中点位对象是 AutoCAD 的 Point 对象，用户可以执行 AutoCAD 的 Ddptype 命令修改点样式，如图 7.17 所示。

例如，执行下拉菜单“绘图处理”→“展野外测点点号”命令，在弹出的标准文件选择对话框中，仍然可以选择“YMSJ.DAT”文件，单击“打开”按钮完成展点操作。用户可以在绘图区看见展绘好的碎部点点位和点号。

3. 内业成图

（1）绘制平面图。

点击屏幕菜单中的“定位方式”中的“坐标定位”。选择相应的地形图图式符号，然后在屏幕中将所有的地物绘制出来。系统中所有地形图图式符号都是按照图

内业成图

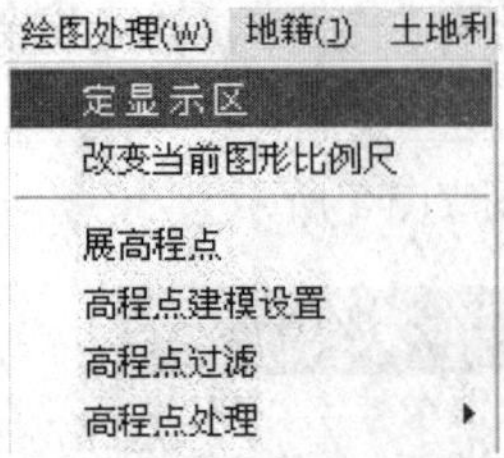

图 7.16 定显示区

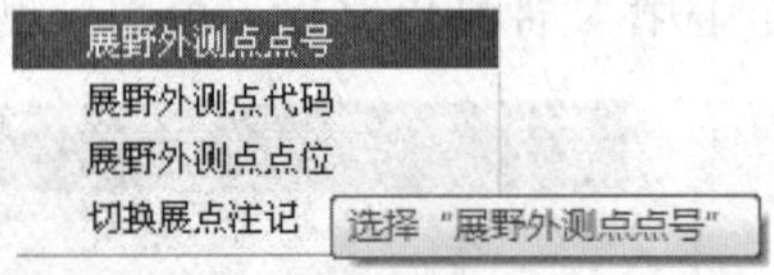

图 7.17 展野外测点点号

层来划分的，例如所有表示测量控制点的符号都放在“KZD”这一层，所有表示独立地物的符号都放在“DLDW”这一层，所有表示植被的符号都放在“ZBTZ”这一层，所有的居民地符号都放在“JMD”这一层。

根据外业草图，选择相应的地图图式符号在屏幕上将平面图绘出来。如图 7.18 所示。

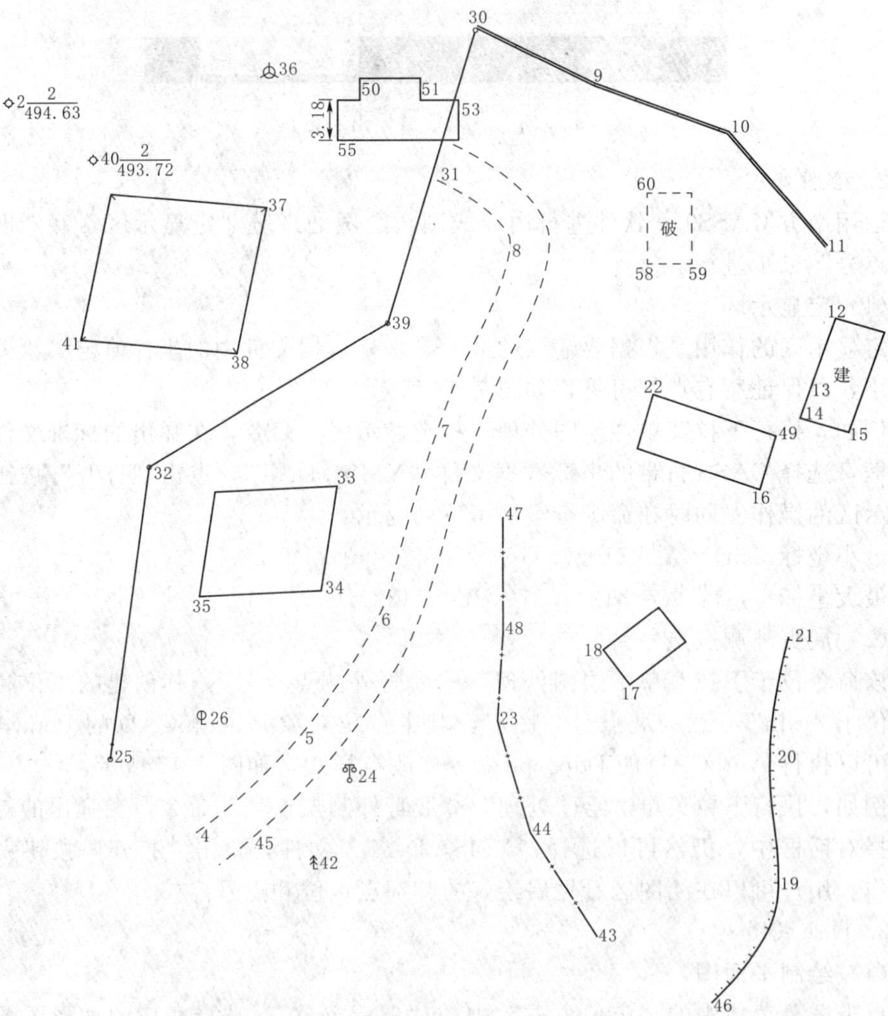

图 7.18 地形图图式符号

1）绘制居民地（图 7.19）。绘制矩形居民地一般有三种方法，一是“已知三点”，是指测矩形房子时测了三个点依次连接绘制即可；二是“已知两点及宽度”，是指测矩形房子时测了两个点及房子的一条边；三是“已知四点”，则是测了房子的四个角点。

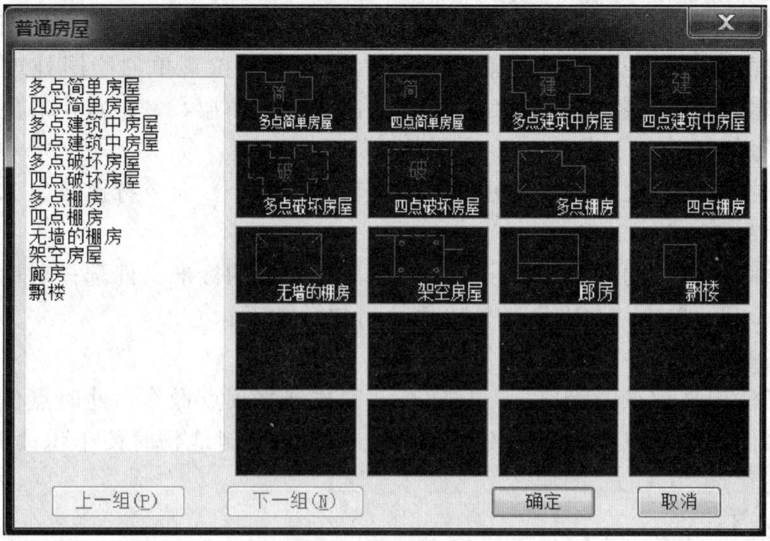

图 7.19 居民地

当房子是不规则的图形时，可用“实线多点房屋”或“虚线多点房屋”来绘。如图 7.20 所示，测量了 50、51、53、55 四个点和丈量了一边长为 3.18m，绘制步骤为：

a. 单击屏幕菜单的居民地选择多点一般房屋，单击 50 号、51 号点，这时在命令行提示：

曲线 Q 图边长交会 B\ 隔一点 J\ 微导线 A\ 延伸 E\ 插点 I\ 回退 U\ 换向 H<指定点>

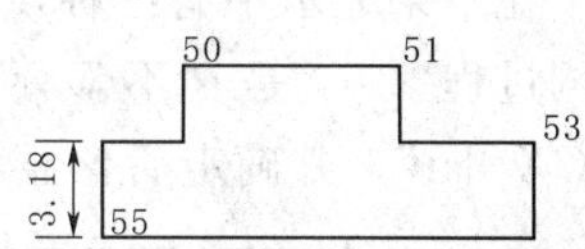

图 7.20 外业多点一般房屋草图

b. 输入 J，回车，单击 53 号点；输入 J，回车，单击 55 号点；输入 A，回车，命令行提示：

微导线—键盘输入角度（K）\指定方向点（只确定平行和垂直方向）

c. 输入 K，回车，按提示输入角度（度．分秒）270.0000；回车，输入距离（米），键入 3.18 回车，单击 50 号点完成多点一般房屋的绘制。

2）绘制交通设施。

绘制交通设施时，点击屏幕菜单中的“交通设施”，弹出“交通及附属设施类”对话框，选择“平等建筑等外公路”按钮并“确定”，根据命令行提示分别捕捉一条边上的点，选择“边点式”或“边宽式”按提示完成平行建筑等外公路的绘制。

拟合线<N>？y

一般选择拟合，键入 y 按回车键命令行提示如下：

1. 边点式\2. 边宽式\（按 Esc 键退出）：<1>Enter

用鼠标点取 45 号点完成平行建筑等外公路的绘制。

（2）绘制等高线。

1）展高程点。

绘制等高线

在数字测图中，等高线是在 CASS 中通过创建数字地面模型 DTM 后自动生成的，生成的等高线精度相当高。

展高程点的作用是将 CASS 坐标数据文件中点的三维坐标展绘在绘图区，并根据用户给定的间距注记点位的高程值。该命令位于下拉菜单“绘图处理 \ 展高程点”，其创建的点位对象位于“GCD”（意为高程点）图层，其中点位对象是半径为 0.5 的实心圆。

例如，执行下拉菜单“绘图处理 \ 展高程点”命令，命令行提示如下：

绘图比例尺 1：＜500＞

输入绘图比例尺的分母值后，按回车键，在弹出的标准文件选择对话框中，选择“DGX. dat”，单击“打开”按钮，命令行提示如下：

注记高程点的距离（米）：

输入了注记高程点的距离后，按回车键完成展高程点操作。此时点位和高程注记对象与前面绘制的点位和点号对象重叠。有时在绘制地物时便于识读测点点号，可先关闭高程点“GCD”图层。

2）建立 DTM。

执行下拉菜单“等高线 \ 建立 DTM”命令，弹出如图 7.21 所示的“建立 DTM”对话框。在该对话框中有两种建立 DTM 的方式，一种是“由数据文件生成”，另一种是“由图面高程点生成”，默认是“由数据文件生成”。在建模过程中有两种情况可供我们选择，一种要考虑陡坎，一种要考虑地性线（即山脊线和山谷线），不选也可以。在结果显示中有三种供我们选择，一是“显示建三角网结果”，二是“显示建三角网过程”，三是“不显示三角网”，默认是“显示建三角网结果”。在此时选择“DGX. dat”，并确定后，显示如图 7.22 所示的三角网，在命令行提示：

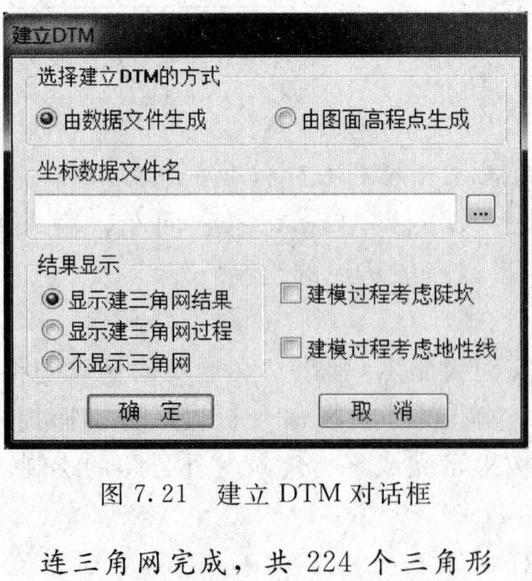

图 7.21 建立 DTM 对话框

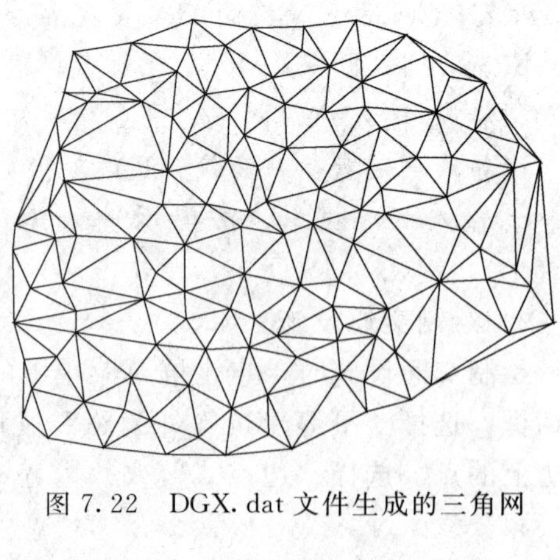

图 7.22 DGX. dat 文件生成的三角网

连三角网完成，共 224 个三角形

3）修改数字地面模型。

由于现实地貌的多样性、复杂性和某些点的高程缺陷（如控制点在楼顶），直接使用外业采集的碎部点很难一次性生成准确的数字地面模型，这就需要生成的数字地面模型进行修改，它是通过修改三角网来实现的。

a. 删除三角形。如果在某局部内没有等高线通过的，则可将其局部内相关的三角形删除。删除三角形的操作方法是：选择“等高线＼删除三角形”命令，提示 Select objects：，这时便可选择要删除的三角形，如果误删，可用“U”命令恢复。

b. 过滤三角形。如果 CASS 在建立三角网后无法绘制等高线或生成的等高线不光滑，可用此功能过滤掉部分形状特殊的三角形。这是由于某些三角形的内角过小或边长差距过大所致。

c. 增加三角形。如果要增加三角形时，可选择“等高线”菜单中的“增加三角形”项，依照屏幕的提示在要增加三角形的地方用鼠标点取，如果点取的地方没有高程点，CASS 会提示输入高程。

d. 三角形内插点。选择此命令后，可根据提示输入要插入的点：在三角形中指定点（可输入坐标或用鼠标直接点取），提示“高程（米）＝?”时，输入此点高程。通过此功能可将此点与相邻的三角形顶点相连构成三角形，同时原三角形会自动被删除。

e. 删三角形顶点。用此功能可将所有由该点生成的三角形删除。这个功能常用在发现某一点坐标错误时，要将它从三角网中剔除的情况下。

f. 重组三角形。指定两相邻三角形的公共边，系统自动将两三角形删除，并将两三角形的另两点连接起来构成两个新的三角形，这样做可以改变不合理的三角形连接。

g. 删三角网。生成等高线后就不再需要三角网了，可以用此功能将整个三角网全部删除。

h. 修改结果存盘。通过以上命令修改了三角网后，选择“等高线”菜单中的“修改结果存盘”，把修改后的数字地面模型存盘。要注意的是，修改了三角网后一定要进行此步操作，否则修改无效！当命令区显示存盘结束时，表明操作成功。

4）绘制等高线。

执行下拉菜单“等高线＼绘制等高线”命令，弹出如图 7.23 所示的“绘制等值线”对话框。在该对话框中显示最小高程、最大高程和拟合方式。输入等高距值后单击“确定”，显示如图 7.24 所示的等高线，它位于“SJW”（意为三角网）图层。

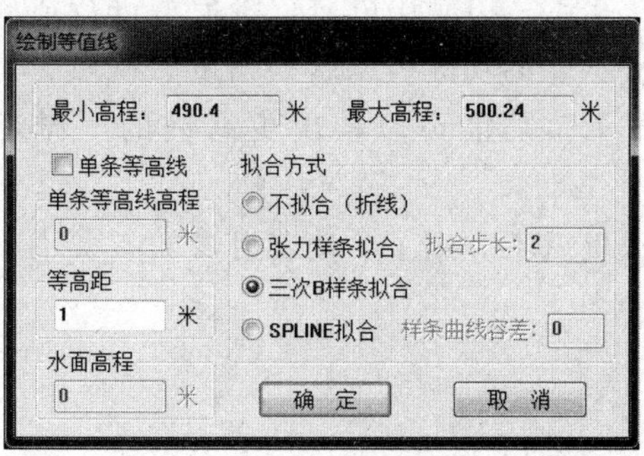

图 7.23　绘制等值线对话框

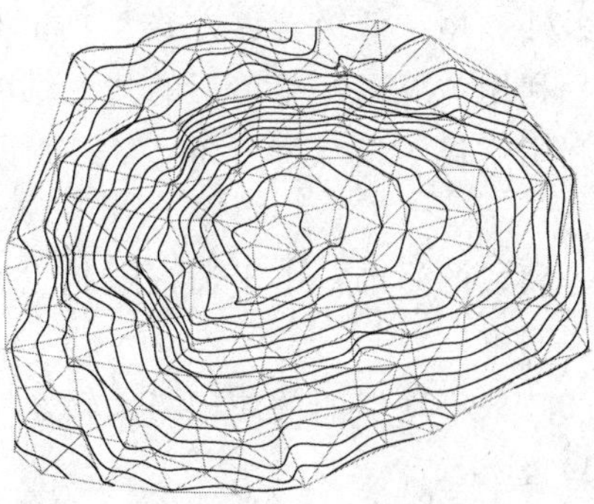

图 7.24　完成绘制等高线

5）三维模型。

建立了 DTM 之后，就可以生成三维模型，观察立体效果。

该命令位于下拉菜单“等高线 \ 三维模型 \ 绘制三维模型”项，按左键，命令区提示：

最大高程：43.90 米，最小高程：24.37 米

输入高程乘系数<1.0>：键入 5

整个区域东西向距离＝276.96 米，南北向距离＝224.77 米

输入格网间距<8.0>：键入 5

是否拟合？(1) 是 (2) 否 <1>Enter

如果用默认值，建成的三维模型与实际情况一致。如果测区内的地势较为平坦，可以输入较大的高程乘系数值，将地形的起伏状态放大。因此坡度变化不大，输入高程乘系数值为 5 将其夸张显示。这时将显示此数据文件的三维模型，如图 7.25 所示。它位于 SHOW 图层。

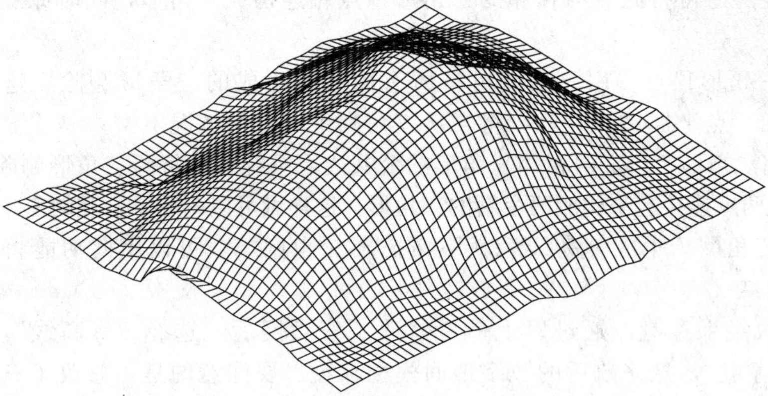

图 7.25 DGX.dat 文件生成的高程系数等于 5 格网间距等于 5 的三维模型效果图

要说明的是，执行“绘制三维模型”命令后，为了更清晰地观察三维地面模型效果，CASS 自动冻结了除 SHOW 图层以外的全部图层，并将 SHOW 图层设置为当前图层。

另外利用“低级着色方式”“高级着色方式”功能还可对三维模型进行渲染等操作，利用“显示”菜单下的“三维静态显示”的功能可以转换角度、视点、坐标轴，利用“显示”菜单下的“三维动态显示”功能可以绘出更高级的三维动态效果。

等高线的修饰，由于篇幅限制我们在这里就不介绍了，读者可参阅有关书籍或使用说明书。

(3) 数字地形图的注记与编辑。

1）注记。

地形图上除了各种图形符号，还有各种注记要素（包括文字注记和数字记）。CASS9.0 提供了多种不同的注记方法，注记时可将汉字、字符、数字混合输入。

a. 使用屏幕菜单中的“文字注记”。无论是使用屏幕菜单中的哪种定位方法，均提供了“文字注记”功能。用鼠标选择屏幕菜单中的“文字注记”功能项，打开如图7.26所示的下拉菜单。

b. 选择该菜单中每一菜单项，都将打开相应对话框。如选择“常用文字”项，则打开如图7.27所示对话框。该对话框中已预先将一些常用的注记用字做成字块，当我们用到这些字时，可以直接在该对话框中选取，可方便地将常用字注记到鼠标指定的位置。

图7.26 “文字注记”项功能下拉菜单

图7.27 “常用文字”项对话框

注：图中砼指混凝土。

执行“变换字体”命令，则打开如图所示对话框，有15种字体供选用，可改变当前默认字体，按图示的要求进行注记，如水系用斜体字注记。不同字体如图7.28所示。

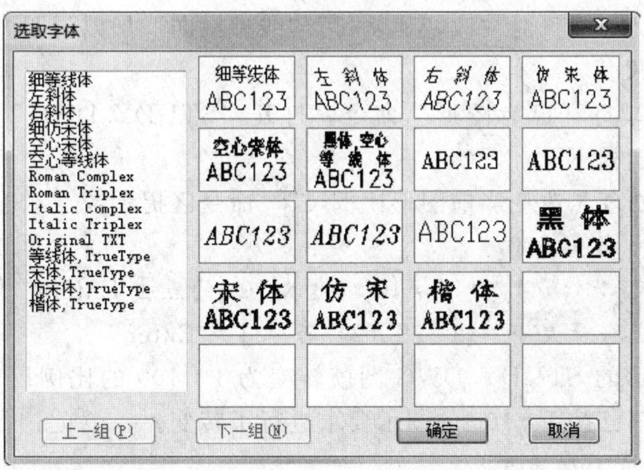

图7.28 “变换字体”命令对话框

执行“特殊注记”命令，在打开的对话框中可以注记屏幕上任意点的测量坐标和房屋的地坪标高。如在对话框中选择“注记坐标”图标，确定后系统在命令行提示：

指定注记点：【设置注记小数位（S）】（利用各种捕捉方式来指定待注记点）

注记位置：（用鼠标在注记点周围合适位置指定注记位置）

系统将由注记点向注记位置引线，并在注记位置处注记出注记点的测量坐标。

c. 使用“工具”菜单下的“文字”。

在“工具”→“文字”中有二级菜单，使用该菜单可满足注记文字、编辑文字等要求。其中“编辑文字”是用于对已注记的文字进行修改。选择“编辑文字”功能项，系统在命令行窗口提示：

选择注释对象：（用鼠标选择需要编辑的文字）

选择文字后系统显示“编辑文字”对话框，如图7.29所示。在文字编辑框内修改即可。

图7.29 “编辑文字”对话框

在“工具”→“文字”对话框中，“炸碎文字”的功能是将文字炸碎成一个个独立的线实体，“文字消隐”的功能可以遮盖图形上穿过文字的实体，如穿高程注记的等高线；“批量写文字”的功能是在一个边框中放入文本段落。

2）编辑。

对于图形的编辑，CASS提供“编辑”和“地物编辑”两种下拉菜单。其中，“编辑”是由AutoCAD提供的编辑功能，即图元编辑、删除、断开、延伸、修剪、移动、旋转、比例缩放、复制、偏移拷贝等，“地物编辑”是对地物进行编辑，即线型换向、植被填充、土质填充、批量删剪、批量缩放、窗口内的图形存盘、多边形内图形存盘等。下面只对“改变比例尺”“线型换向”加以说明。

a. 改变比例尺。

执行“文件\打开已有图形”命令，打开“STUDY.DWG”，屏幕上将显示STUDY.DWG文件图形。

执行“绘图处理\改变当前图形比例尺”，命令区提示：

当前比例尺为 1：500

输入新比例尺＜1：500＞ 1：100（键入100的点击Enter）

是否自动改变符号大小？（1）是（2）否 ＜1＞ Enter

这时屏幕显示的STUDY.DWG图就转变为1：100的比例尺，各种地物包括注记、填充符号都已按1：100的图示要求进行了转变。

b. 线型换向。

通过屏幕菜单绘出未加固陡坎、加固斜坡、不依比例围墙各一个，如图7.30（a）所示。

执行“地物编辑\线型换向”命令，命令区提示：

请选择实体

用鼠标点击需要换向的实体，完成换向。结果如图7.30（b）所示。

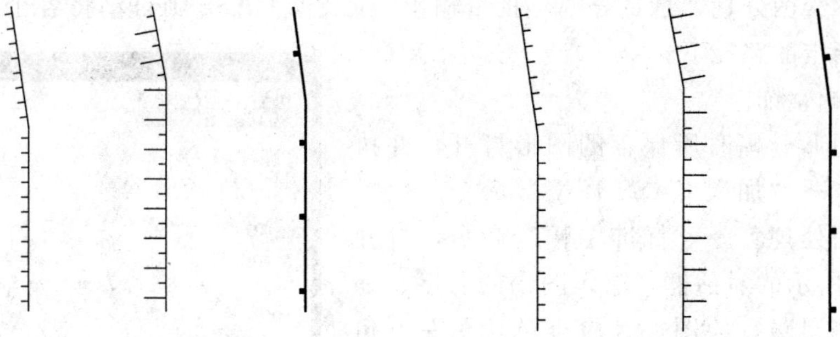

（a）换向前　　　　（b）换向后

图 7.30　线性换向前后示意图

（4）数字地形图的整饰与输出。

1）图形分幅。

执行“绘图处理＼批量分幅＼建立格网”，命令区提示：

请选择图幅尺寸：（1）50＊50（2）50＊40（3）自定义尺寸＜1＞ Enter

输入测区一角：

输入测区另一角：

输入测区一角：在图形左下角点击左键。输入测区另一角：在图形右上角点击左键。

这样 CASS 自动以各个分幅图的左下角的 X 坐标和 Y 坐标来命名，如“31.05.－53.10”“31.05－53.15”等，如图 7.31 所示。

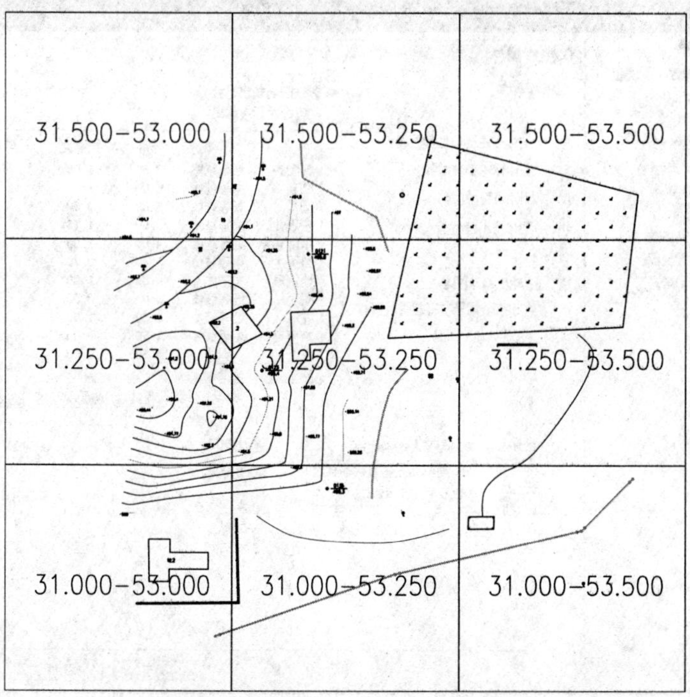

图 7.31　批量分幅建立的格网

执行“绘图处理\批量分幅\批量输出”命令，CASS则自动将各个分幅图保存在用户指定的路径下。

2）图幅整饰。

先把图形分幅时所保存的图形打开，并执行“文件”→“加入CASS环境”命令。然后执行“绘图处理”→“标准图幅”命令，打开如图7.32所示的对话框，输入图幅的名字、邻近图名、测量员、绘图员、检查员，在左下角坐标的“东”“北”栏内输入相应坐标，如此处输入“53000”“31000”（最好拾取）。在“删除图框外实体”图名前打钩则可删除图框外实体，按实际要求选择。最后用鼠标单击“确定”按钮即可得到加上标准图框的分幅地形图。

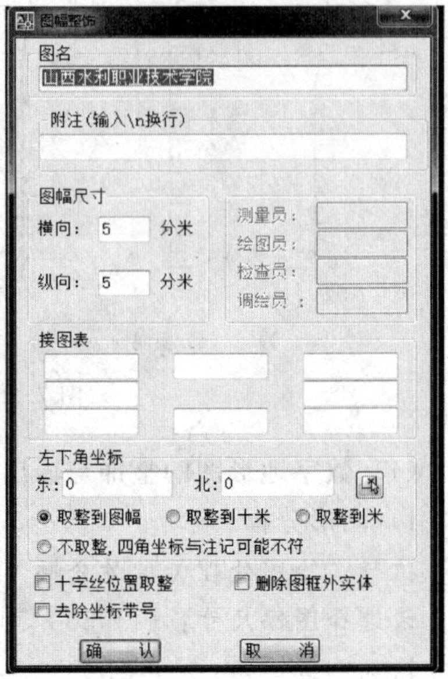

图7.32 图幅整饰

图廓外的单位名称、日期、图式和坐标系、高程系等可以在加框前定制，即在如图7.33“CASS参数配置”→“CASS90综合设置”→“图廓属性”对话框中依实际情况填写，定制符合实际的统一的图框，也可以直接打开图框文件，利用“工具”菜单“文字”项的“写文字”“编辑文字”等功能，依实际情况编辑修改图框图形中的文字，不改名存盘，即可得到满足需要的图框，如图7.32所示。

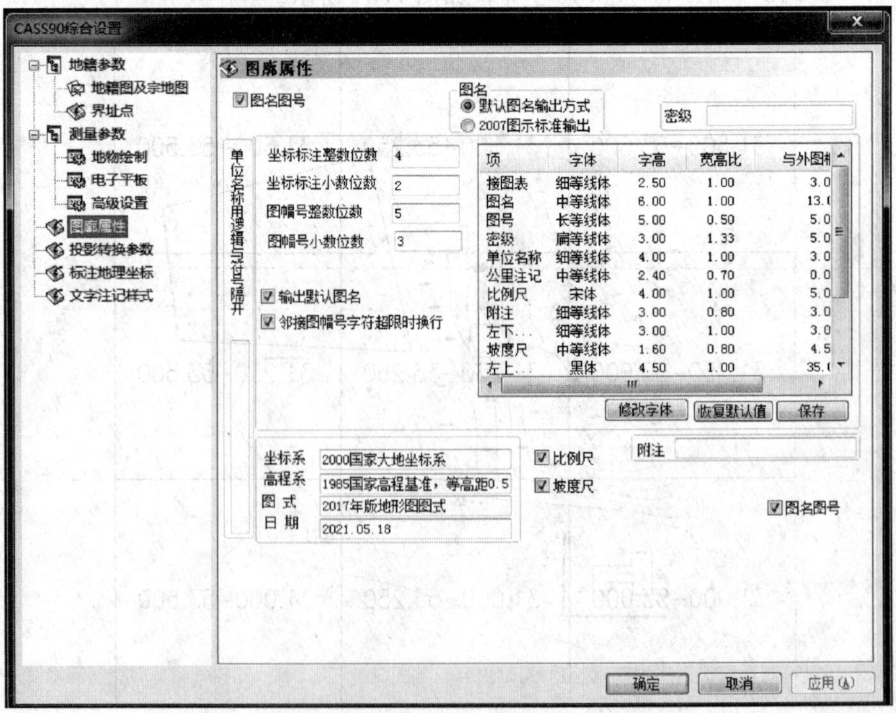

图7.33 CASS参数设置中的图框设置图

3）绘图输出。

地形图绘制完成后，可用绘图仪、打印机等设备输出。如图 7.34 所示，执行“文件”→“绘图输出”→“打印”命令，打开“打印”对话框，在对话框中可完成相关打印设置，并打印出图，详细操作请参阅《CASS9.0 参考手册》及《CASS9.0 用户手册》。

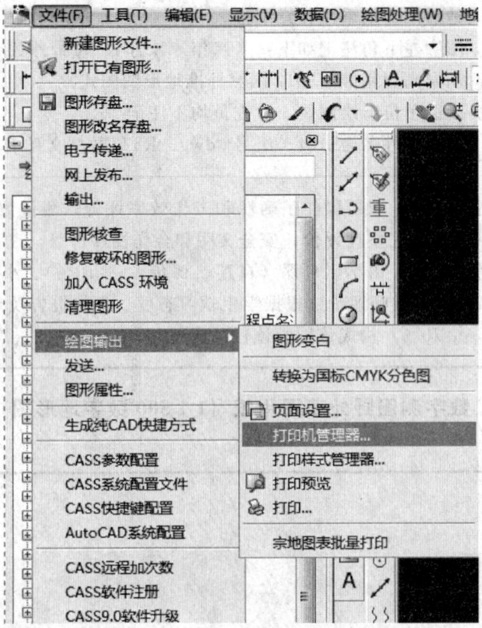

图 7.34　绘图输出

7.2.4　数字测图实训报告

实训任务书见表 7.3，数字测图野外草图用纸见表 7.4，实训考核评价表见表 7.5。

表 7.3　　**实 训 任 务 书**

实训任务	数字测图		建议学时	4
班级		姓名		工作日期	
实训目标	1. 掌握 GNSS-RTK 碎部点数据采集方法。 2. 能够绘制该测区的 1∶500 数字地形图			
实训内容	数字测图			
安全须知	学生听从指导教师的安排及指挥，不在测量作业面上相互打闹；保护好测量仪器及工具。 遵守测量实训须知的安全与文明要求。 主动保护数字测图场地上的各种测量标记，发现标记移动或损毁后要第一时间上报指导教师			
实习成果	数字地形图、实训报告			

续表

实训任务	数字测图	建议学时	4
实训要求	每组学生合作完成指定范围内1:500地形图测绘任务。 1. 测绘范围：北至城墙根道路，东至农场边砂石路，南至农场门口水泥路，西至水渠边道路。 2. 图名统一采用“节水灌溉技术实训场地形图”。 3. 地形图分幅采用任意图幅。 4. 图廓左下角注记如下：××年××月RTK野外数字成图，CGCS2000坐标系，1985国家高程基准，2017国家标准地形图图式。 5. 测绘单位、绘图员、检查员均不注记。 6. 图形文件名为班级一组号.dwg，RTK数据文件名为班级-组号.dat		
考核评价	评价内容：仪器操作正确性和工作效率评价；测量数据的正确性、完整性评价；完成报告的完整性评价；安全文明和合作性评价等。 评价方式：由学生自评（自述、评价，占10%）、小组评价（分组讨论、评价，占20%）、教师评价（根据学生学习态度、工作报告及现场抽查知识或技能进行评价，占70%）构成该同学该任务成绩		

表7.4　　数字测图野外草图用纸（1:500数字地形图）

班级+组号：

1:500数字地形图

表 7.5　　实训考核评价表[①]

项目与分值	评分标准	扣分
时间分（30）	能够在要求的 160 分钟内完成，每超时 5 分钟扣 1 分	
点位精度（10 分）	要求误差小于 0.15m。检查 10 处，每超限一处扣 1 分	
边长精度（5 分）	要求误差小于 0.15m。检查 5 处，每超限一处扣 1 分	
高程精度（5 分）	要求误差小于 1/3 等高距（0.15m），检查 5 处，每超限一处扣 1 分	
错误（10 分）	重大错误直接扣 10 分；一般性错误扣 1～5 分	
完整性（20 分）	图上内容取舍合理，主要地物漏测一项扣 2 分，次要地物漏测一项扣 1 分	
符号和注记（10 分）	地形图符号和注记用错一项扣 1 分	
整饰（5 分）	地形图整饰应符合规范要求，缺、错少一项扣 1 分	
等高线（5 分）	未绘制等高线扣 5 分。等高线与高程发生矛盾，1 处扣 1 分	
特殊情况记录		
合计扣分		

① 对接全国职业院校技能大赛测绘赛项数字测图项目的考核要求。

项目成果报告

假如你是××镇 1∶500 数字地形图测绘工程项目的技术负责人，现在全班 5 个作业组同时完成了数字测图任务，现在需要向甲方提交一份项目技术总结报告。请你根据报告框架写一写吧！

××镇 1∶500 数字地形图测绘工程项目

技　术　总　结

委托单位：__________________

编写单位：__________________

技术负责：__________________

审　　核：__________________

证书编号：甲测资字__________

年　　月　　日

目　　录

1 概述
1.1 任务来源
1.2 任务内容和目标
1.3 项目完成情况
1.4 测区概况和已有资料的利用
2 作业依据
3 测量过程
4 质量检查
5 提交资料

报告正文：

任务 7.3　无人机摄影测量地形图测绘

7.3.1　实训目标

（1）掌握数字线划地图（DLG）的基本知识。

（2）熟悉无人机摄影测量影像获取方法。

（3）熟悉该测区的 DLG 生产。

7.3.2　实训准备与要求

7.3.2.1　实训准备

1. 场地准备

无人机摄影测量影像获取可选择无人机实训基地进行，已完成测区像控点布设及测量。

DLG 生产可选择航测数据处理中心进行，已安装国产 Mapmatrix 软件。

2. 设备准备

使用大疆精灵 4Pro 无人机，机身搭载 FlightAutonomy 技术，6 个视觉传感器、主相机、2 组红外传感器、1 组超声波传感器、GPS/GLONASS 双模卫星定位系统、IMU 和指南针双冗余传感器，要求在飞行时获取实时图像、深度、定位等信息，构建飞行器周围的 3D 地图并确定自己的位置。无人机摄影测量设备如图 7.35 所示。

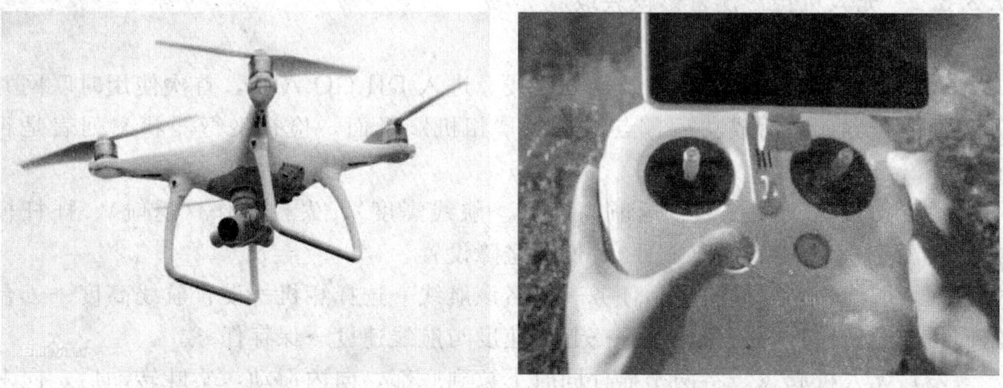

（a）大疆精灵 4Pro 无人机　　（b）遥控器

图 7.35　无人机摄影测量设备

3. 工具及材料准备

每组准备读卡器 1 个。

7.3.2.2　教师准备

提前在教学平台布置实训任务，发布无人机摄影测量的影像获取方法及 DLG 生产的微课视频，让学生预习有关知识及操作步骤；按照预先的每 2 人分一组，准备好实训工具和材料，制定好实训程序和步骤，指导学生进行实训活动。

7.3.2.3 学生准备

做好知识的预习与储备，掌握无人机摄影测量影像获取方法及DLG生产的方法；提前分析工作程序，严格遵照本实训教程操作要求和注意事项，按照组内分工积极参与实训活动。

7.3.2.4 安全与文明要求

学生听从指导教师的安排及指挥，不在测量作业面上相互打闹；保护好测量仪器及工具；遵守测量实训须知的安全与文明要求；主动保护无人机实训基地的各种测量标记，发现标记移动或损毁后要第一时间上报指导教师。

7.3.2.5 参考资料

《无人机航摄安全作业基本要求》(CH/Z 3001—2010)

《低空数字航空摄影测量内业规范》(CH/Z 3003—2021)

《低空数字航空摄影测量外业规范》(CH/Z 3004—2021)

《无人机航空摄影成果质量检查与验收》(CH/T 1054—2022)

《倾斜数字航空摄影技术规程》(GB/T 39610—2020)

《航空摄影技术设计规范》(GB/T 19294—2003)

《IMU/GPS辅助航空摄影技术规范》(GB/T 27919—2011)

7.3.3 实训步骤和方法

7.3.3.1 数字线划地图

数字线划地图（digital line graph，DLG），是现有地形图上基础地理要素的矢量数据集，保存了要素空间关系和相关的属性信息。

7.3.3.2 无人机摄影测量影像获取

(1) 启动遥控器和飞行器电源。

(2) 设置无人机飞控参数及规划航线。进入DJI GO APP，首次使用时联网并且激活飞行器。激活成功后，点击进入“相机”界面，检查飞行器状态列表是否正常。

设置无人机飞控参数：返航高度（>航线高度）、失控动作（返航）、摇杆模式（美国手）、避障行为（刹停）、四周避障设置。

规划航线：创建倾斜摄影任务→命名该航线→选择相机→设置航线高度→云台俯仰角度→航向重叠与旁向重叠→起飞速度与航线速度→保存任务。

(3) 无人机起飞。将两个摇杆同时下拉到底部，向内掰动，桨叶转动后，向上轻推左侧摇杆即可起飞。起飞后，掰动左边摇杆可以控制飞机的升降，顺逆时针旋转。右边的摇杆则控制飞机的前后和左右运动。

(4) 无人机降落。将左边的摇杆下拉到底部，即可完成飞机的降落。

(5) 下载影像数据。

7.3.3.3 无人机摄影测量内业数据处理

1. 数据准备

(1) images文件夹：影像。

(2) pos文件：影像ID经度、纬度、高程。

(3) 控制点文件：点个数、X、Y、Z 坐标、点位图。

(4) 相机文件：扫描分辨率等。

2. 空三加密

(1) 同名点匹配：PMO 软件。

(2) 选刺像片控制点：HAT 软件。

(3) 控制网平差：PATB 软件。

3. DLG 生产

(1) DLG 新建。打开 mapmatrix 软件→加载工程→右键新建 DLG→命名文件→右键加入立体像对→右键数字化→输入成图比例尺。

工作区→导入控制点→设置矢量文件参数→设置边界为矢量数据外包。

选择一个立体像对→右键实时核线像对→设置窗口→垂直平铺

(2) DLG 生产。快捷键 F2，打开采集窗口，采集地物和等高线。

(3) DLG 导出。工作区→导出 DXF/DWG。

实训任务书见表 7.6，实训考核评价表见表 7.7。

表 7.6 实训任务书

实训任务	无人机摄影测量地形图测绘			建议学时	2
班级		姓名		工作日期	
实训目标	1. 掌握数字线划地图（DLG）的基本知识。 2. 熟悉无人机摄影测量影像获取方法。 3. 熟悉该测区的 DLG 生产				
实训内容	无人机摄影测量地形图测绘				
安全须知	学生听从指导教师的安排及指挥，不在测量作业面上相互打闹；保护好测量仪器及工具。 遵守测量实训须知的安全与文明要求。 主动保护数字测图场地上的各种测量标记，发现标记移动或损毁后要第一时间上报指导教师				
实习成果	DLG				
实训要求	每组学生合作完成指定范围内 1∶2000 地形图测绘任务				
考核评价	评价内容：仪器操作正确性和工作效率评价；测量数据的正确性、完整性评价；完成报告的完整性评价；安全文明和合作性评价等。 评价方式：由学生自评（自述、评价，占 10%）、小组评价（分组讨论、评价，占 20%）、教师评价（根据学生学习态度、工作报告及现场抽查知识或技能进行评价，占 70%）构成该同学该任务成绩				

表7.7 实训考核评价表

项目与分值	评 分 标 准	扣分
时间分（10分）	能够在要求的160分钟内完成，每超时5分钟扣1分	
影像获取（20分）	影像清晰，层次丰富；影像上没有有云等大面积反光、污点等缺陷。影响辨认或建立清晰的立体模型扣10分	
数据准备（10分）	数据齐全，格式正确，每1个数据文件错误扣2.5分	
像控点转刺（10分）	至少转刺4个像控点，每个点至少转刺3张照片，缺少一处或错误一处扣2.5分	
空三精度检测（10分）	单点点位不超过2倍中误差；平面中误差不大于1.2m；高程中误差不大于1.6m	
设置比例尺（3分）	1∶2000	
设置等高距（2分）	2m等高距	
DLG要素采集（20分）	DLG采集时丢漏地物；符号使用不正确或符号表示错误；房屋、植被、河流水面等面状地物出现交叉、缝隙、重叠等拓扑错误；地物表述矛盾、符号交叉如道路与陡坎、沟渠等符号冲突；等高线与实际地形不符；高程点逻辑关系不正确，每处扣0.2分，扣分上限20分	
DLG精度检查（10分）	利用检测点检测地形图精度，每超限1处扣0.1分，扣分上限10分	
等高线（5分）	未绘制等高线扣5分。等高线与高程发生矛盾，1处扣1分	
特殊情况记录		
合计扣分		

思政园地：规范使用地图，“一点都不能错”

8月29日是全国测绘法宣传日，2023年全国测绘法宣传日暨国家版图意识宣传周的主题是，“规范使用地图 一点都不能错”。地图是表达国家版图最常用、最主要的形式，规范使用地图，也是每个公民的责任和义务。

国家版图是指一个国家行使主权的疆域，是国家主权和领土完整的象征。在我国古代，“版”指登记户口和土地的簿册，“图”指地图，“版图”代表了户籍和地图。国家版图体现了国家主权意志和在国际社会中的政治、外交立场，同国旗、国徽、国歌一样，是国家的象征。

规范使用地图，如何做到“一点都不能错”？不少“问题地图”就是出现了这样那样的错误，在社会上造成了极大的危害。

我国“问题地图”主要有三大类：

第一种是与我国政治外交主张不一致的地图。如台湾地区在地图上的表示违背一个中国原则；错绘、漏绘我国台湾岛、海南岛、南海诸岛、钓鱼岛及其附属岛屿等；错绘国界线将我国领土表示到国外；南海断续线的表示不符合国家有关规定；错将我国重要岛屿按其他国家主张名称进行标注等。

第二种表示了不宜公开信息的地图，一般分为2～3类。第一类本身就是涉密地图，不能公开的地图；第二类就是在地图上表示了涉军等敏感或涉密信息；第三类就是对重要的经济能源等基础设施，表示了不宜对外公开的信息。

第三种其他不符合地图管理有关规定的地图和行为。比如，地图上地名的表示不符合地名管理的要求；其他国家和地区表示不符合我国政治外交主张和有关规定；无资质从事地图编制或互联网地图服务；未依法履行地图审核程序公开登载；弄虚作假、伪造申请材料骗取地图审核批准文件，或伪造、冒用地图审核批准文件和审图号。

问题地图危害了祖国的统一，危害了国家主权和领土完整，对国家的安全和发展利益带来比较大的损害，给公众会带来一些错误的认知。

项目8

断面图测绘

【学习目标】

通过学习测量施工线路纵断面、横断面等知识，达到根据交接桩给定的高程控制点和工程图纸去完成现场线路纵断面及测量施工线路横断面的工作任务，使学生在学习的工作中锻炼专业能力、方法能力和社会能力等综合职业能力。

【情感、态度与价值观目标】

1. 通过了解尊村引黄渠道的历史和认识水利工程的施工测量过程，激发学生的专业认同感和社会责任感。

2. 断面图的测量实训操作以小组的形式开展，养成科学、缜密、严谨、求实的思想作风和团结协作能力。

3. 通过手工绘制纵断面图和横断面图，培养学生养成精雕细琢、精益求精的工匠精神。

4. 实训过程中要爱护仪器，轻拿轻放，螺旋扭动时要轻转，培养良好的职业道德。

5. 通过项目成果报告写作的训练，引导学生组织语言，科学严谨地描述作业流程，培养德智体美劳全面发展的社会主义建设者和接班人。

任务8.1 纵断面图测绘

纵横断面图测绘

8.1.1 实训目标

（1）掌握道路中桩高程的测设方法。

（2）能够绘制该路段纵断面图。

8.1.2 实训准备与要求

8.1.2.1 实训准备

1. 场地准备

可选择校内实训场进行。已完成线路中桩的测设，现场高程控制点保持完好。

2. 设备准备

使用DS_3型水准仪或DS_3型自动安平水准仪，精度为每公里中误差±3mm，要求状态良好，无部件损坏；与仪器配套的支架要求架头牢固，架腿伸缩自如，螺钉应固紧，架身无晃动，架腿支好后无滑动现象。全站仪 1 套，用于三角高程控制测量使用。

3. 工具及材料准备

每组准备 3m 长的塔尺 1 根。

8.1.2.2 教师准备

提前在教学平台布置实训任务，发布纵断面测量的工作程序微课视频，让学生预习有关知识及操作步骤；按照预先的每 4 人分一组，准备好实训材料和工具，制定好实训程序和步骤，指导学生进行实训活动。

8.1.2.3 学生准备

做好知识的预习与储备，掌握道路纵断面测量的方法；提前分析纵断面测量的工作程序，严格遵照本实训教程操作要求和注意事项，按照组内分工积极参与实训活动。

8.1.2.4 安全与文明要求

学生听从指导教师的安排及指挥，不在测量作业面上相互打闹；保护好测量仪器及工具；遵守测量实训须知的安全与文明要求；主动保护模拟施工场地上的各种测量标记，发现标记移动或损毁后要第一时间上报指导教师。

8.1.2.5 参考资料

《工程测量规范》（GB 50026—2022）、《工程测量员国家职业标准》（6-01-02-04）、《水利水电工程施工测量规范》（SL 52—2015）、《工程测量通用规范》（GB 55018—2021）。

8.1.3 实训步骤和方法

8.1.3.1 路线的纵断面测量

线路纵断面测量分两步进行：一是在路线方向上设置水准点，施测水准点的高程，建立高程控制，称为基平测量；二是根据各水准点高程，分段测定中线上各里程桩（中桩）的地面高程，称为中平测量。

1. 基平测量

（1）路线水准点的设置。

基平测量中的水准点分永久水准点和临时水准点。永久性水准点一般设置在路线起点和终点、大桥两岸、隧道两端，以及需要长期观测高程的重点工程附近的地方，并且在路线上每隔一定的距离应设置永久水准点，永久水准点一般应埋设标石，也可设置在永久性建筑物的基础上或用金属标志嵌在基岩上等。临时水准点的设置密度应根据地形复杂情况和工程需要而定，一般在平原地区每隔 1～2km 布设一个临时水准点，在山区每隔 0.5～1km 布设一个。

水准点点位应选在地基稳固、易于联测以及施工时不易被破坏的地方，一般距路线中线 50～300m。水准点设置完以后，要对水准点进行统一编号，一般以 BM_i 表示，其中 i 为水准点编号，并根据需要绘制“点之记”。

基平测量应使用不低于 DS_3 型水准仪，采用一组往返或两组单程在水准点之间进行观测。水准测量的精度要求，往返观测或两组单程观测的高差值应满足：

$$f_h \leqslant \pm 30\sqrt{L}\,\text{mm}（平原微丘区）或 \pm 45\sqrt{L}\,\text{mm}（山岭重丘区）$$

式中　L——水准路线长度，以 km 计。

若高差不符值在限差以内，取其高差平均值作为两水准点间高差，否则需要重测。最后由起始点高程及调整后高差计算各水准点高程。

(2) 基平测量的方法。

基平测量时，首先应将路线起始水准点与国家水准点进行联测，以获得路线的绝对高程。如果路线附近没有国家水准点，也可以采用假定高程。

水准点高程的测定，一般采用水准测量方法进行，在困难地段也可采用三角高程测量的方法实施。水准测量时，通常采用一台水准仪在两个相邻的水准点间作往返观测；也可用两台水准仪作同向单程观测。在基平测量中，应根据公路等级，按照三等或四等水准测量的技术规范实施，以求得各水准点的高程。

2. 中平测量

根据所使用仪器的不同，中平测量可采用以下方法实施。

(1) 水准仪法。

水准仪法纵断面测量是利用视线高法进行观测和计算的，观测方法如图 8.1 所示。详细步骤如下：

1) 在已知水准点 $BM_{Ⅱ1}$ 和路线起点桩 0+000 两点间安置水准仪。

2) 照准后视点（$BM_{Ⅱ1}$）标尺，设其读数为 a_1，可得视线高（$a_1+H_{BM_{Ⅱ1}}$）。

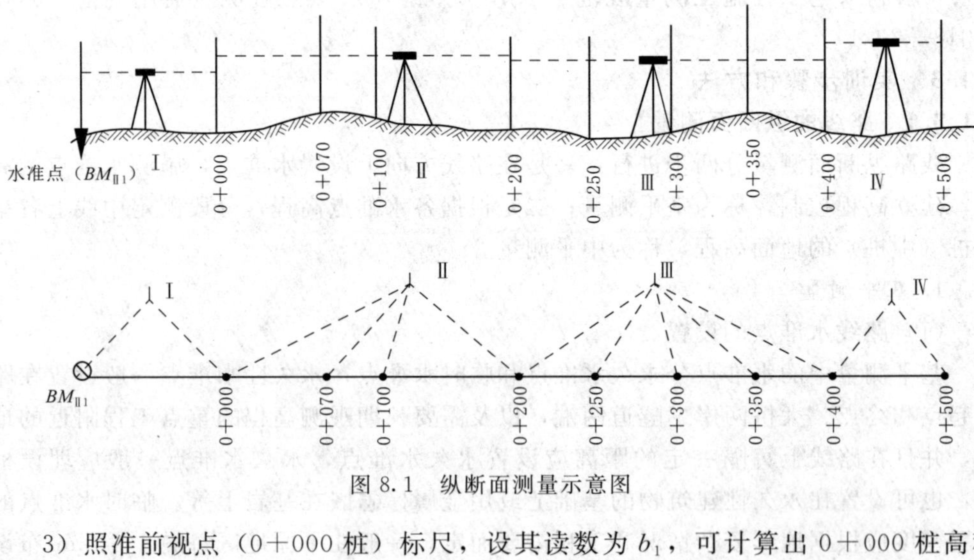

图 8.1　纵断面测量示意图

3) 照准前视点（0+000 桩）标尺，设其读数为 b_1，可计算出 0+000 桩高程为 $H_{0+000}=(a_1+H_{BM_{Ⅱ1}})-b_1$。

4) 将仪器安置于同时方便观测 0+000 桩、0+070 桩、0+100 桩和 0+200 桩的地方，照准后视点（0+000 桩）标尺，设其读数为 a_2，可得视线高为（a_2+H_{0+000}）。

5) 照准间视点（0+070 桩）标尺，设其读数为 b_2，可计算出 0+070 桩高程为 $H_{0+070}=(a_2+H_{0+000})-b_2$。

6）分别照准间视点 0＋100 桩、0＋200 桩标尺，方法同步骤 5），计算出其高程。

7）依照上述步骤，逐站施测其余各桩。具体记录计算见表 8.1 例子。

注：后视读数、前视读数由于需要传递高程，必需读至毫米；0＋070、0＋100 为中间桩，不传递高程，可读至厘米，又称间视点。

中桩及转点的高程按下式计算：

视线高程＝后视点高程＋后视读数

中桩高程＝视线高程－中视读数

转点高程＝视线高程－前视读数

表 8.1　　纵断面测量记录计算表

测站	测点桩号	后视读数	视线高	前视读数	间视	高程
Ⅰ	$BM_{Ⅱ1}$	1.123①	73.246②			72.123
Ⅱ	0＋000	2.113⑤	74.158⑥	1.201③		72.045④
	0＋070				0.98⑦	73.18⑧
	0＋100				1.25⑨	72.91⑩
	0＋200	2.653	74.826	1.985		72.173
Ⅲ	0＋250				2.70	72.13
	0＋300				2.72	72.11
	0＋350				0.85	73.98
	0＋400	1.424	74.562	1.688		73.138
Ⅳ	0＋500	1.103	74.224	1.441		73.121
Ⅴ	$BM_{Ⅱ2}$			1.087		73.137

注　1. 已知点的高差之差 73.140－72.123＝1.017（m），高差闭合差 $f_h=1.014-1.017=-0.003$（m）＝－3mm $f_{h允}=\pm 40\sqrt{L}=\pm 28$mm，$f_h \leqslant f_{h允}$。

2. 表格内“①”类数字为记录与计算的顺序。

水准路线从 BM_1 点开始终止于 BM_2 点，构成一条附合水准路线，其高差闭合差的限差高速公路和一级公路为 $\pm 30\sqrt{L}$（mm），二级及二级以下公路为 $\pm 50\sqrt{L}$（mm）（L 为 BM_1 点至 BM_2 点水准路线长度，以 km 计），测段闭合差在限差以内时不作平差，若超限应重测。依次观测其他各测段，求出所有中桩的地面高程。

（2）全站仪法。

在地形起伏较大的地区，水准仪实施起来较为困难时，可以采用三角高程测量的方法进行中平测量。第一种方法，可以在中桩测设的同时进行，即利用全站仪“测量三维坐标”功能，测出中桩的地面高程。第二种方法，采用任意设站进行中平测量。

8.1.3.2　纵断面图的绘制

纵断面图是根据路线上中桩的里程和高程绘制，既表示中线方向的地面起伏，又反映路线坡度设计的图，是路线设计和施工的重要资料。通常高程比例尺是水平距离比例尺的 10～20 倍。

1. 纵断面图的主要内容

如图 8.2 所示，是某道路工程的路线纵断面图。

（1）直线和曲线。

中线示意图是根据中线测量成果资料绘制的。直线部分用直线表示，曲线部分用折线表示，上凸表示路线右转，下凹表示路线左转，并注明交点编号和曲线半径。

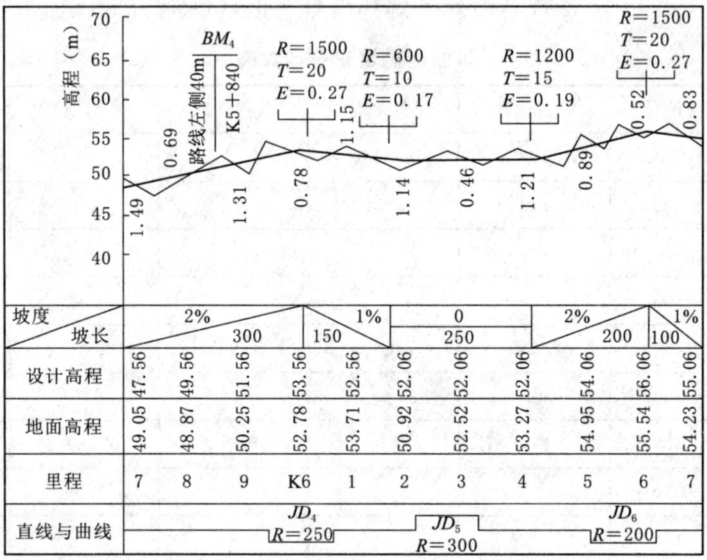

图 8.2 路线纵断面图

（2）里程。

里程是按规定的里程比例尺标注的各中桩里程，通常只在百米桩和公里桩处标注里程。

（3）地面高程。

地面高程是中桩的地面高程，在纵断面图上将各中桩的地面高程依次标出，并用细直线依次连接各相邻点，即得到地面线。

（4）设计高程。

设计高程是各里程桩处的路基设计高程。

（5）坡度和坡长。

坡度和坡长是用斜线或水平线表示设计坡度的方向，在线的上方标注坡度数值（百分数），下方标注坡长。斜线从左至右向上倾斜表示上坡，向下倾斜表示下坡，水平线表示平坡。同时，不同的坡段以竖线分开。

2. 纵断面图的绘制

在绘制纵断面图时，首先应建立以里程为横坐标，高程为纵坐标的直角坐标系。

为了明显地表示地势变化，纵断面图的竖直（高程）比例尺通常是水平（里程）比例尺的 10 倍，一般情况下，在平原微丘地区，水平比例尺和竖直比例尺分别取 1∶5000 和 1∶500，在山岭重丘区，水平比例尺和竖直比例尺分别取 1∶2000 和 1∶200。

其具体操作步骤如下：

（1）在横轴上按水平距离比例尺定出里程桩和加桩的位置，并在栏内相应位置标注桩号。

（2）将各桩的实测高程填入高程栏，并按高程比例尺在纵轴上相应的位置标定点位，再把这些点连成线，即为纵断面图。

（3）根据设计坡度计算出渠底起点和终点的设计高程。

（4）并在纵轴上标定其点位并用直线连接起来，即为渠底设计线；同法可连出渠堤顶线。渠底的坡度就是渠底上两点间的高差与水平距离之比。由渠底起点的设计高程和渠底设计坡度，按式（8.1）可以推算出渠道各里程桩和终点底部的设计高程，并填入图 8.3 中的渠底设计高程栏内。

（5）最后在图表上应绘出渠道路线平面图，注明路线左右的地物、地貌的大概位置等。

（6）渠底起点高程的计算：

$$H = H_0 - iD \tag{8.1}$$

式中 H——待求里程桩的设计高程，m；

H_0——起点桩的设计高程，m；

i——渠底的设计坡度，‰；

D——待求点至起点桩的水平距离，m。

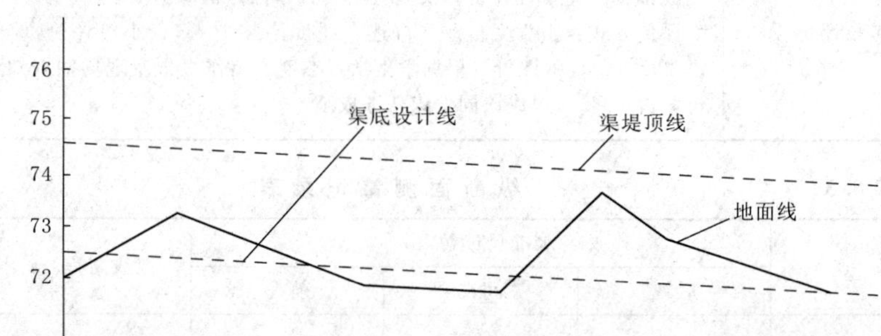

里程桩号	0+000	0+070	0+100	0+200	0+250	0+300	0+350	0+400	0+500
地面高程/m	72.05	73.18	72.91	72.17	72.13	72.11	73.98	73.14	72.12
设计坡度/‰	−1.0 500m								
渠底设计高程	72.50	72.43	72.40	72.30	72.25	72.20	72.15	72.10	72.00
挖深/m		0.75	0.51				1.83	1.04	0.12
填高/m	0.45			0.13	0.12	0.09			
渠道平面图	王庄								

图 8.3　渠道纵断面图

8.1.4 纵断面测量实训报告

实训任务书见表8.2，纵断面测量记录表见表8.3，纵断面图绘制见表8.4，实训考核评价表见表8.5。

表8.2　　　　实 训 任 务 书

<table>
<tr><td>实训任务</td><td colspan="3">纵断面测量</td><td>建议学时</td><td>4</td></tr>
<tr><td>班级</td><td></td><td>姓名</td><td></td><td>工作日期</td><td></td></tr>
<tr><td>实训目标</td><td colspan="5">1. 掌握道路中桩高程的测设方法。
2. 能够绘制该路段纵断面图</td></tr>
<tr><td>实训内容</td><td colspan="5">纵断面图测绘</td></tr>
<tr><td>安全须知</td><td colspan="5">学生听从指导教师的安排及指挥，不在测量作业面上相互打闹；保护好测量仪器及工具；遵守测量实训须知的安全与文明要求；主动保护模拟施工场地上的各种测量标记，发现标记移动或损毁后要第一时间上报指导教师</td></tr>
<tr><td>实习成果</td><td colspan="5">实训报告</td></tr>
<tr><td>实训要求</td><td colspan="5">1. 具备路桥工程识图与绘图的基础知识。
2. 具备渠道工程构造的知识。
3. 具备高程测量的基础知识。
4. 具备一定的实践动手能力、自学能力、数据计算能力、一定的沟通协调能力、语言表达能力和团队意识。
5. 严格遵守课堂纪律，不迟到、不早退；学习态度认真、端正。
6. 每位同学必须积极参与小组讨论。
7. 完成“纵断面测量”实训报告</td></tr>
<tr><td>考核评价</td><td colspan="5">评价内容：仪器操作正确性和工作效率评价；测量数据的正确性、完整性评价；完成报告的完整性评价；安全文明和合作性评价等。
评价方式：由学生自评（自述、评价，占10%）、小组评价（分组讨论、评价，占20%）、教师评价（根据学生学习态度、工作报告及现场抽查知识或技能进行评价，占70%）构成该同学该任务成绩</td></tr>
</table>

表8.3　　　　纵 断 面 测 量 记 录 表

测　点	水准尺读数/m			视线高程/m	高程/m
	后视	间视	前视		

表 8.4　　纵 断 面 图 绘 制

（纵断面图横轴比例尺采用 1：2000，纵轴采用 1：200。）

表 8.5　　实 训 考 核 评 价 表

考核指标	指标内涵	分值	自评	小组评分	教师评分	实得分数
准备工作（20）	准备工作完整性	10				
	实训步骤内容描述	8				
	知识掌握完整程度	2				
工作过程（45）	测量数据正确性、完整性	10				
	测量精度评价	5				
	报告完整性	30				
基本操作（10）	操作程序正确	5				
	操作符合限差要求	5				
安全文明（10）	叙述工作过程应注意的安全事项	5				
	工具正确使用和保养、放置实训设备	5				
完成时间（5）	能够在要求的 90 分钟内完成，每超时 5 分钟扣 1 分	5				
合作性（10）	独立完成任务得满分	10				
	在组内成员帮助下得 6 分					
总分		100				

任务8.2 横断面图测绘

8.2.1 实训目标

（1）掌握线路中桩两侧垂直于中线方向的高程测量方法。

（2）能够绘制该线路的横断面图。

8.2.2 实训准备与要求

8.2.2.1 实训准备

1. 场地准备

可选择校内实训场进行。已完成线路中桩的测设，现场高程控制点保持完好。

2. 设备准备

使用 DS_3 型水准仪或 DS_3 型自动安平水准仪，精度为每公里中误差±3mm，要求状态良好，无部件损坏；与仪器配套的支架要求架头牢固，架腿伸缩自如，螺钉应固紧，架身无晃动，架腿支好后无滑动现象。全站仪1套，用于三角高程控制测量使用。

8.2.2.2 教师准备

提前在教学平台布置实训任务，发布横断面测量的工作程序微课视频，让学生预习有关知识及操作步骤；按照预先的每4人分一组，准备好实训材料和工具，制定好实训程序和步骤，指导学生进行实训活动。

8.2.2.3 学生准备

做好知识的预习与储备，掌握线路横断面测量的方法；提前分析横断面测量的工作程序，严格遵照本实训教程操作要求和注意事项，按照组内分工积极参与实训活动。

8.2.2.4 安全与文明要求

学生听从指导教师的安排及指挥，不在测量作业面上相互打闹；保护好测量仪器及工具；遵守测量实训须知的安全与文明要求；主动保护模拟施工场地上的各种测量标记，发现标记移动或损毁后要第一时间上报指导教师。

8.2.2.5 参考资料

《工程测量规范》（GB 50026—2022）、《工程测量员国家职业标准》（6-01-02-04）、《水利水电工程施工测量规范》（SL 52—2015）、《工程测量通用规范》（GB 55018—2021）。

8.2.3 实训步骤和方法

横断面测量的任务是测定中桩两侧垂直于中线方向的地面起伏，然后绘制横断面图，供路基设计、土石方量计算和施工放边桩之用。横断面测量的宽度由路基宽度及地形情况确定，一般在中线两侧各测15～50m。进行横断面测量首先要确定横断面的方向，然后在此方向上测定中线两侧地面坡度变化点的距离和高差。

8.2.3.1 横断面测量

下面介绍水准仪配合钢尺法横断面测量，图8.4为横断面测量示意图。

（1）安置水准仪于0+000桩附近，用十字架标定断面的方向。

（2）水准仪照准0+000桩（后视点）标尺，将读数填入表8.6内，并计算出

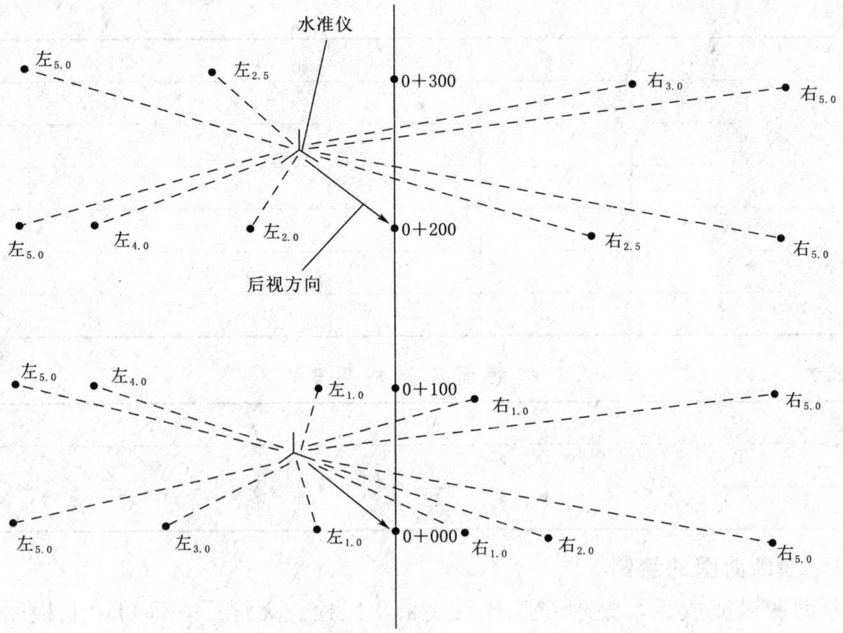

图 8.4　横断面测量示意图

视线高。

(3) 照准断面方向上各特征点（间视点）标尺，将读数填入表 8.6 内，并计算出各特征点的高程。

(4) 用皮尺量出各特征点至 0＋000 桩的水平距离。

注意：各立尺点的高程计算采用了视线高法；为了加快测设速度，架设一次仪器可以测 1～4 个断面。水准仪配合皮尺法测量断面，虽说精度较高，但它只局限于平坦地区。

左$_{1.0}$、左$_{3.0}$…表示地形点在中心桩左侧，角码表示地形点到中心桩距离。右$_{1.0}$、右$_{2.0}$…表示地形点在中心桩右侧，角码表示地形点到中心桩距离。左右之分是面向水流前进方向，中心桩左边为“左”，中心桩右边为“右”。横断面测量成果见表 8.7。

表 8.6　　**横断面测量记录计算表**

测站	桩号	后视	前视	间视	视线高	高程/m
1	0＋000	1.420			73.465	72.045
	左$_{1.0}$			1.32		72.14
	左$_{3.0}$			1.03		72.43
	左$_{5.0}$			1.50		71.96
	右$_{1.0}$			1.30		72.16
	右$_{2.0}$			1.25		72.22
	右$_{5.0}$			1.54		71.93

续表

测站	桩号	后视	前视	间视	视线高	高程/m
2	0+100	1.56			74.47	72.91
	左$_{1.0}$			1.21		73.26
	左$_{2.0}$			1.43		73.03
	左$_{5.0}$			0.89		73.58
	右$_{1.0}$			1.53		72.94
	右$_{5.0}$			1.33		73.14

表 8.7 横断面测量成果表

左	中桩	右
$\frac{5.0}{71.96}$ $\frac{3.0}{72.43}$ $\frac{1.0}{72.14}$	$\frac{K0+000}{72.04}$	$\frac{1.0}{72.16}$ $\frac{2.0}{72.22}$ $\frac{5.0}{71.93}$

8.2.3.2 横断面图的绘制

横断面测量完成后，整理外业观测成果，经检查无误后，即可绘制横断面图。

具体的绘制方法如下：

(1) 以 0＋000 桩为中点，左右两侧距离为横轴，高程为纵轴，比例尺均为 1∶100。

(2) 展绘出各特征点，连接相邻各特征点即为 0＋000 桩横断面图的地面线，如图 8.5 所示。

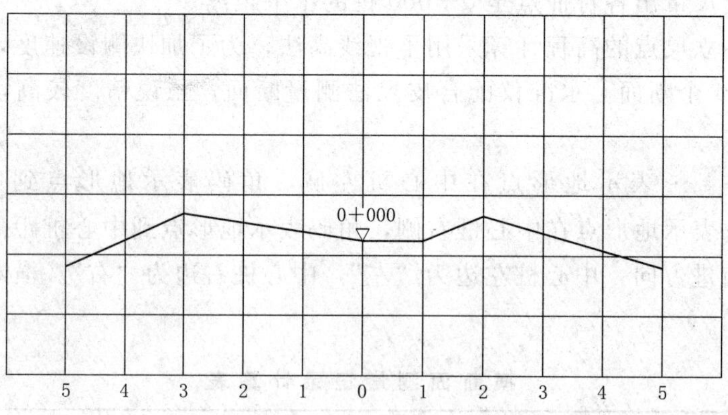

图 8.5 K0＋000 横断面图

注意：横断面图与纵断面图绘制方法相似，但横断面图的纵、横轴一般采用同一比例尺。绘制横断面图时，应使各中心桩在同一幅内的纵列上，自上而下，由左至右布局。

8.2.4 横断面测量实训报告

实训任务书见表 8.8，横断面测量记录表见表 8.9，横断面测量成果表见表 8.10，横断面图绘制见表 8.11，实训考核评价表见表 8.12。

表 8.8　　实 训 任 务 书

<table>
<tr><td>实训任务</td><td colspan="3">横断面测量</td><td>建议学时</td><td>4</td></tr>
<tr><td>班级</td><td></td><td>姓名</td><td></td><td>工作日期</td><td></td></tr>
<tr><td>实训目标</td><td colspan="5">1. 掌握边桩高程的测设方法。
2. 能够绘制该路段横断面图</td></tr>
<tr><td>实训内容</td><td colspan="5">横断面图测绘</td></tr>
<tr><td>安全须知</td><td colspan="5">学生听从指导教师的安排及指挥，不在测量作业面上相互打闹；保护好测量仪器及工具；遵守测量实训须知的安全与文明要求；主动保护模拟施工场地上的各种测量标记，发现标记移动或损毁后要第一时间上报指导教师</td></tr>
<tr><td>实习成果</td><td colspan="5">实训报告</td></tr>
<tr><td>实训要求</td><td colspan="5">1. 具备线路工程识图与绘图的基础知识。
2. 具备线路工程构造的知识。
3. 具备高程测量的基础知识。
4. 具备一定的实践动手能力、自学能力、数据计算能力、一定的沟通协调能力、语言表达能力和团队意识。
5. 严格遵守课堂纪律，不迟到、不早退；学习态度认真、端正。
6. 每位同学必须积极参与小组讨论。
7. 完成“横断面测量”实训报告</td></tr>
<tr><td>考核评价</td><td colspan="5">评价内容：仪器操作正确性和工作效率评价；测量数据的正确性、完整性评价；完成报告的完整性评价；安全文明和合作性评价等。
评价方式：由学生自评（自述、评价，占 10%）、小组评价（分组讨论、评价，占 20%）、教师评价（根据学生学习态度、工作报告及现场抽查知识或技能进行评价，占 70%）构成该同学该任务成绩</td></tr>
</table>

表 8.9　　横 断 面 测 量 记 录 表

测站	桩号	后视	前视	间视	视线高	高程

表8.10 横断面测量成果表

左	中桩	右

表8.11 横断面图绘制

（横断面图横轴比例尺采用1：100，纵轴采用1：100。）

表8.12 实训考核评价表

考核指标	指标内涵	分值	学生自评	小组评分	教师评分	实得分数
准备工作（20）	准备工作完整性	10				
	实训步骤内容描述	8				
	知识掌握完整程度	2				
工作过程（45）	测量数据正确性、完整性	10				
	测量精度评价	5				
	报告完整性	30				
基本操作（10）	操作程序正确	5				
	操作符合限差要求	5				
安全文明（10）	叙述工作过程应注意的安全事项	5				
	工具正确使用和保养、放置实训设备	5				

续表

考核指标	指标内涵	分值	学生自评	小组评分	教师评分	实得分数
完成时间（5）	能够在要求的 90 分钟内完成，每超时 5 分钟扣 1 分	5				
合作性（10）	独立完成任务得满分	10				
	在组内成员帮助下得 6 分					
总分		100				

任务 8.3 土 方 计 算

土石方数量计算表

8.3.1 实训目标

（1）会绘制设计断面；掌握土方手工计算方法。

（2）能够利用纵横断面数据计算两断面间土方。

8.3.2 实训准备与要求

8.3.2.1 实训准备

1. 50cm×75cm 网格坐标纸（图 8.6）。

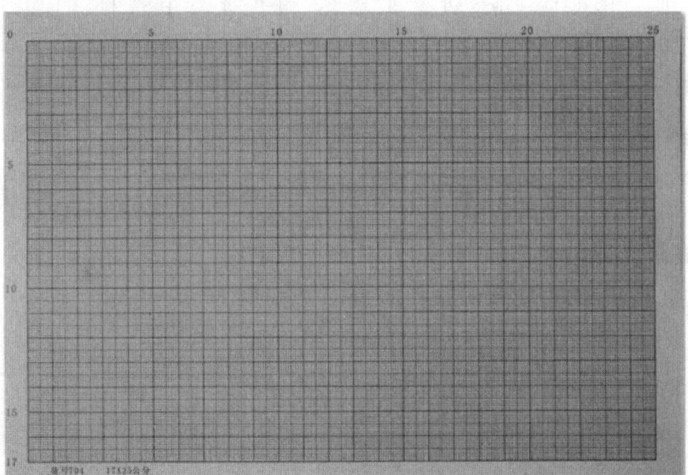

图 8.6 网格坐标纸

2. 工具准备

丁字尺、三角板、铅笔。

3. 实训地点

理实一体教室。

8.3.2.2 教师准备

提前在教学平台布置实训任务，发布土方计算的工作程序微课视频，让学生预习有关知识及操作步骤；准备好实训工具，制定好实训程序和步骤，指导学生进行实训活动。

8.3.2.3 学生准备

做好知识的预习与储备，掌握断面法土方计算的方法；积极参与实训活动。

8.3.3 实训步骤和方法

8.3.3.1 绘制标准断面图

计算土方量之前，应绘制标准断面图。标准断面图既可直接绘在横断面图上，也可制成模片进行套绘，如图 8.7 所示。标准模片的制作是根据渠底设计宽度、深度和渠道内外坡比，在透明的聚酯薄膜上绘制成的。标准断面绘成后，即可将标准断面套在横断面图上。套绘方法是：根据纵断面图上各里程桩的设计高程，在横断面图上表示出来，做一标记。然后将标准断面的渠底中点对准该标记，渠底线应与毫米纸的方格网线平行，这样即套绘完毕。地面线与设计断面线（标准断面线）所围成的面积即为挖方或填方面积，在地面线以上的部分为填方，在地面线以下的部分为挖方。

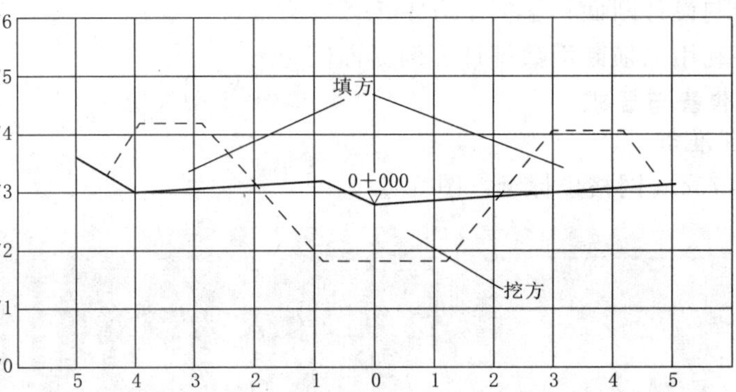

图 8.7 套绘标准断面图

8.3.3.2 均值法土方计算

（1）计算相邻两断面的填（挖）面积的平均值为

$$A=(A_1+A_2)/2$$

式中 A_1、A_2——相邻两断面的填方或挖方面积，m^2。

（2）相邻两断面间的填（挖）土方量为：

$$V=A\times d$$

式中 d——相邻两断面间的水平距离，m。

（3）如相邻两断面的中心桩，一个为挖，另一个为填，则应先找出不填不挖的位置（即“零点”）。如图 8.8 所示，过零点 O 的水平线为设计线，a 为挖土深度，b 为填土高度。

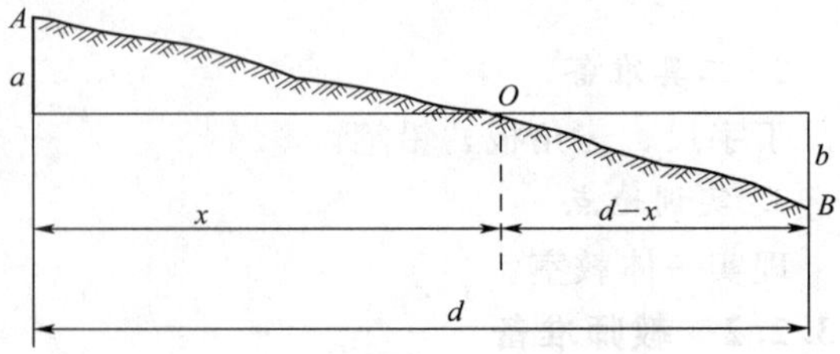

图 8.8 确定零点桩位置的方法

$$x/(d-x)=a/b，则 x=a\times d/(a+b)$$

例：0＋000 桩至 0＋100 桩有一“零点”，0＋000 桩挖深 a 为 0.5m，0＋100 桩填高为 0.3m，则 $x=0.5\times100/(0.5+0.3)=62.5$m，所以零点的桩号为 0＋062.5，该桩号求得后，应到实地补设该桩，并补测断面，以便将两桩之间的土方分成两部分计算，使计算结果更准确可靠。两桩之间的土方量计算方法同上。渠道土方计算表见表 8.13。

表 8.13　　渠道土方计算表

桩号	地面高程/m	渠底设计高程/m	填/m	挖/m	断面面积/m²		平均断面面积/m²		距离/m	体积/m³	
					填	挖	填	挖		填	挖
0＋000	72.05	72.5	0.45		13.82	0	8.32	1.01	70	582.4	70.7
0＋070	73.18	72.43		0.75	2.81	2.01	3.48	1.8	30	104.4	54
0＋100	72.91	72.4		0.51	4.15	1.58	8.63	0.79	100	863	79
0＋200	72.17	72.3	0.13		13.11	0	13.08	0	50	654	0
0＋250	72.13	72.25	0.12		13.05	0	12.23	0	50	611.5	0
0＋300	72.11	72.2	0.09		11.38	0	8.32	0.63	50	416	31.5
0＋350	73.97	72.15		1.82	5.25	1.25	5.18	1.18	50	259	59
0＋400	73.14	72.1		1.04	5.1	1.1	6.08	1.21	100	608	121
0＋500	72.12	72		0.12	7.06	1.32	总计			4098.3	415.2

8.3.4　土方计算实训报告

土方计算表见表 8.14，实训考核评价表见表 8.15。

土方计算网络坐标纸

（注：将网络坐标纸折至 B5 大小，粘贴到此页）

表 8.14　　土 方 计 算 表

桩号	地面高程/m	渠底设计高程/m	填/m	挖/m	断面面积/m^2		平均断面面积/m^2		距离/m	体积/m^3	
					填	挖	填	挖		填	挖
							总计				

表 8.15　　实 训 考 核 评 价 表

考核指标	指标内涵	分值	学生自评	小组评分	教师评分	实得分数
准备工作 (20)	准备工作完整性	10				
	实训步骤内容描述	8				
	知识掌握完整程度	2				
工作过程 (55)	测量数据正确性、完整性	10				
	精度评价	5				
	报告完整性	40				
基本操作 (10)	操作程序正确	5				
	操作符合作业要求	5				
完成时间 (5)	能够在要求的 90 分钟内完成，每超时 5 分钟扣 1 分	5				
合作性 (10)	独立完成任务得满分	10				
	在组内成员帮助下得 6 分					
总分		100				

任务8.4 软件法断面绘制及土方计算

8.4.1 实训目标

(1) 能够用软件法绘制该路线断面图。

(2) 能够用软件法进行土方计算。

土方计算

8.4.2 实训准备与要求

8.4.2.1 实训准备

1. 实训地点

大比例尺数字测图实训室。

2. 设备准备

要求电脑已安装CAD软件、CASS软件并能正常运行。

8.4.2.2 教师准备

提前在教学平台布置实训任务，发布软件法断面绘制及土方计算，让学生预习有关知识及操作步骤；制定好实训程序和步骤，指导学生进行实训活动。

8.4.2.3 学生准备

做好知识的预习与储备，掌握CASS软件断面绘制及土方计算的方法；提前分析工作程序，严格遵照本实训教程操作要求和注意事项，按照组内分工积极参与实训活动。

8.4.2.4 安全与文明要求

学生听从指导教师的安排及指挥，不在测量作业面上相互打闹；保护好测量仪器及工具；遵守测量实训须知的安全与文明要求；主动保护模拟施工场地上的各种测量标记，发现标记移动或损毁后要第一时间上报指导教师。

8.4.2.5 参考资料

《工程测量规范》(GB 50026—2022)、《工程测量员国家职业标准》(6-01-02-04)、《水利水电工程施工测量规范》(SL 52—2015)、《工程测量通用规范》(GB 55018—2021)。

8.4.3 实训步骤和方法

断面法土方计算主要用在公路土方计算和区域土方计算，对于特别复杂的地方可以用任意断面设计方法。断面法土方计算主要有：道路断面、场地断面和任意断面三种计算土方量的方法。

8.4.3.1 绘制断面图

下面展示由坐标文件生成断面图的方法。先用复合线生成断面线，单击“工程应用”“绘断面图”→“根据已知坐标”功能。

提示：选择断面线，用鼠标点取上步所绘断面线。屏幕上弹出“断面线上取值”的对话框，如图8.9所示，如果“坐标获取方式”栏中选择“由数据文件生成”，则在“坐标数据文件名”栏中选择高程点数据文件。

然后输入采样点间距、输入起始里程，点击“确定”之后，屏幕弹出绘制纵断面图对话框，如图 8.10 所示。

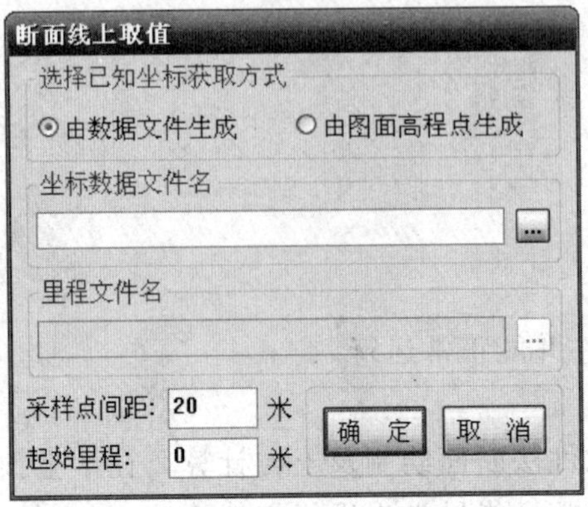

图 8.9 根据已知坐标绘断面图

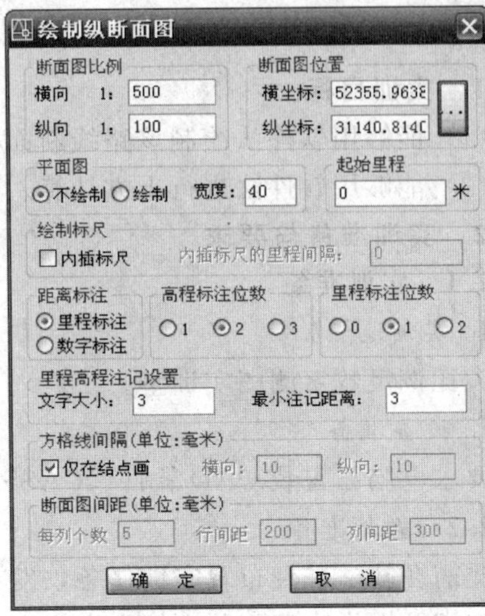

图 8.10 “绘制纵断面图”对话框

输入相关参数，如：横向比例为 1∶＜500＞ 输入横向比例，系统的默认值为 1∶500。纵向比例为 1∶＜100＞ 输入纵向比例，系统的默认值为 1∶100。断面图位置：可以手工输入，也可在图面上拾取。可以选择是否绘制平面图、标尺、标注；还有一些关于注记的设置。单击“确定”之后，在屏幕上出现所选断面线的断面图，如图 8.11 所示。

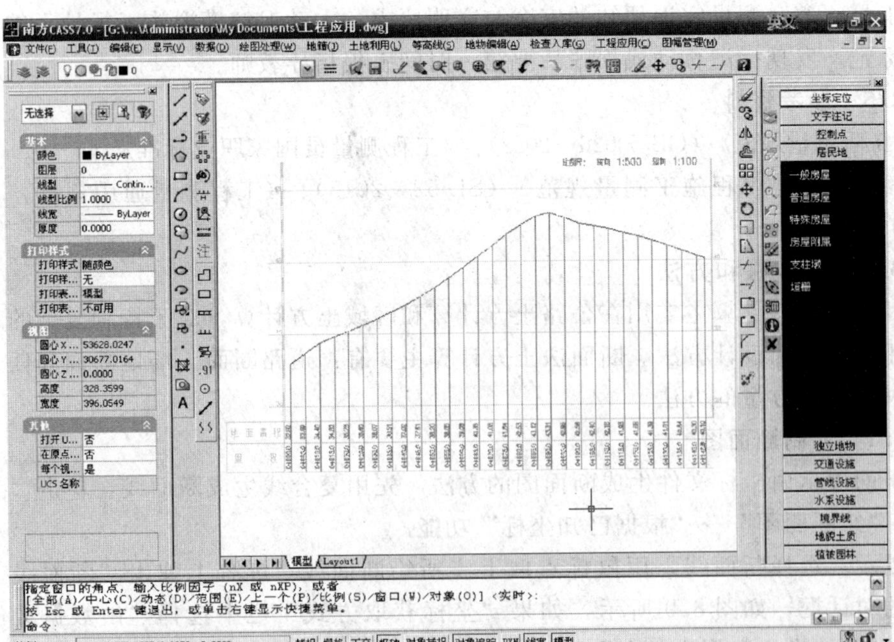

图 8.11 纵断面图

8.4.3.2 断面法土方计算

（1）生成里程文件。在使用生成里程文件之前，要事先用复合线绘制出纵断面线。用鼠标单击“工程应用”→“生成里程文件”→“由纵断面生成”→“新建”，如图 8.12 和图 8.13 所示。

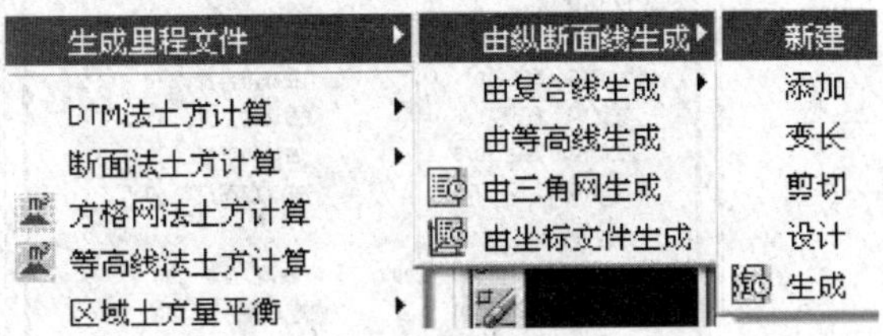

图 8.12 生成里程文件菜单

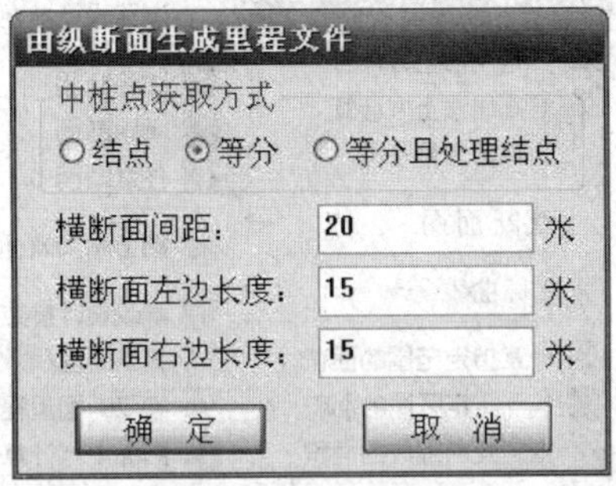

图 8.13 由纵断面生成里程文件对话框

中桩点获取方式：结点表示结点上要有断面通过；等分表示从起点开始用相同的间距；等分且处理结点表示用相同的间距且要考虑不在整数间距上的结点。选择其中的一种方式后则自动沿纵断面线生成横断面线，如图 8.14 所示。

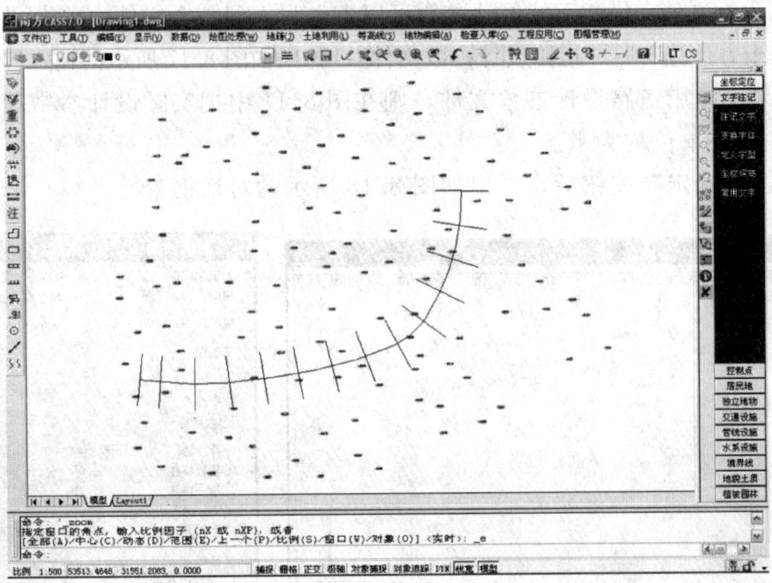

图 8.14 由纵断面生成横断面

（2）选择土方计算类型。

1）用鼠标点取“工程应用\断面法土方计算\道路断面”，如图 8.15 所示。

2）单击后弹出对话框，道路断面的初始参数都可以在这个对话框中进行设置，如图 8.16 所示。

（3）给定计算参数。接下来就是在上一步弹出的对话框中输入道路的各种参数。

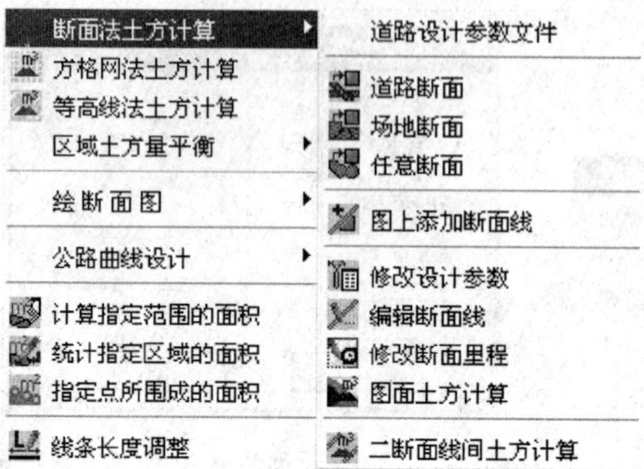

图 8.15　断面土方计算子菜单

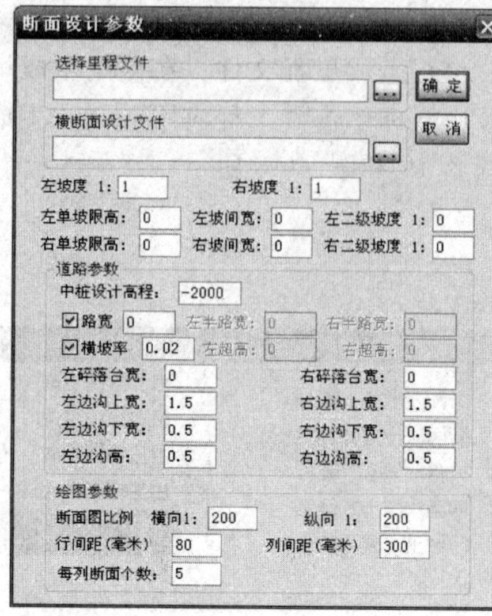

图 8.16　“断面设计参数”输入对话框

1）选择里程文件：点击确定左边的按钮（上面有三点的），出现“选择里程文件名”的对话框。选定第一步生成的里程文件。

横断面设计文件：横断面的设计参数可以事先写入到一个文件中单击“工程应用”→“断面法土方计算”→“道路设计参数文件”，弹出如图 8.17 所示的输入界面。

2）如果不使用道路设计参数文件，则在图 8.17 中把实际设计参数填入各相应的位置。注意：单位均为米。

3）单击“确定”按钮后，弹出如图 8.18 所示的对话框。

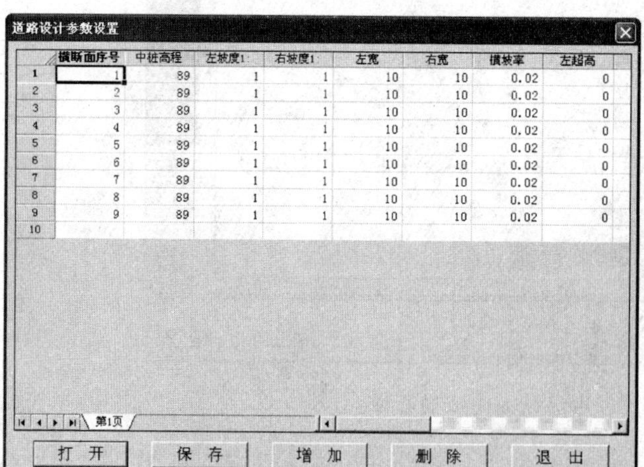

图 8.17　输入道路设计参数

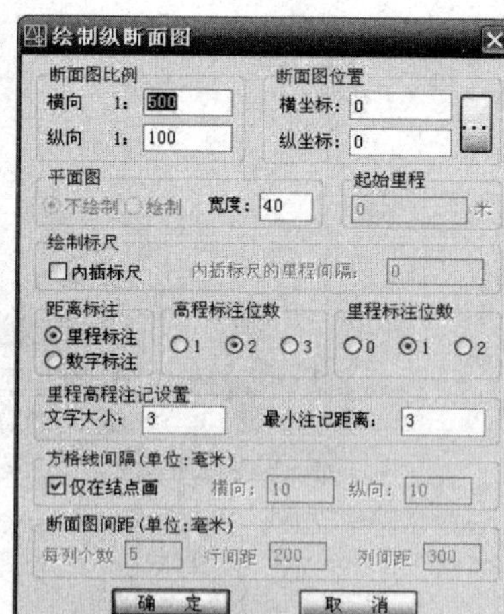

图 8.18　“绘制纵断面图”设置

系统根据上步给定的比例尺，在图上绘出道路的纵断面。

4）至此，图上已绘出道路的纵断面图及每一个横断面图，结果如图 8.19 所示。

如果道路设计时该区段的中桩高程全部一样，就不需要下一步的编辑工作了。但

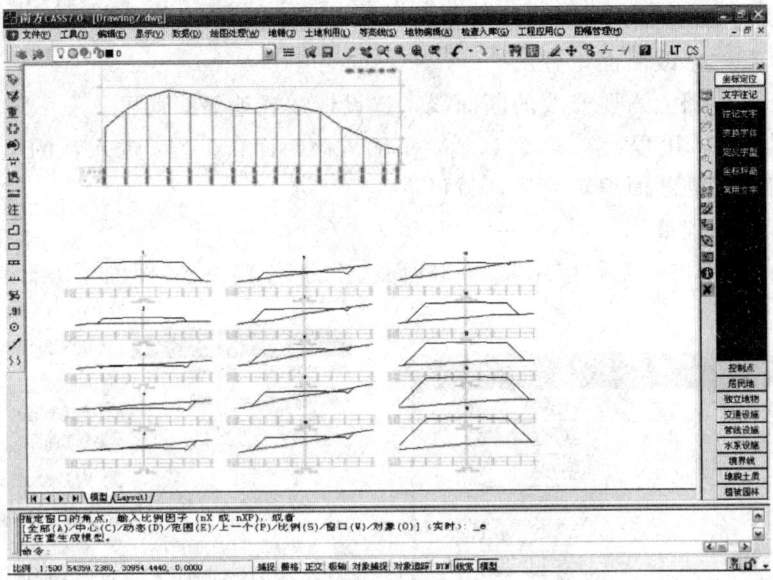

图 8.19 纵横断面图成果示意图

实际上，有些断面的设计高程可能和其他的不一样，这样就需要手工编辑这些断面。

5）如果生成的部分设计断面参数需要修改，用鼠标单击“工程应用 \ 断面法土方计算 \ 修改设计参数”，如图 8.20 所示。

选中后弹出如图 8.21 所示对话框，可以非常直观的修改相应参数。

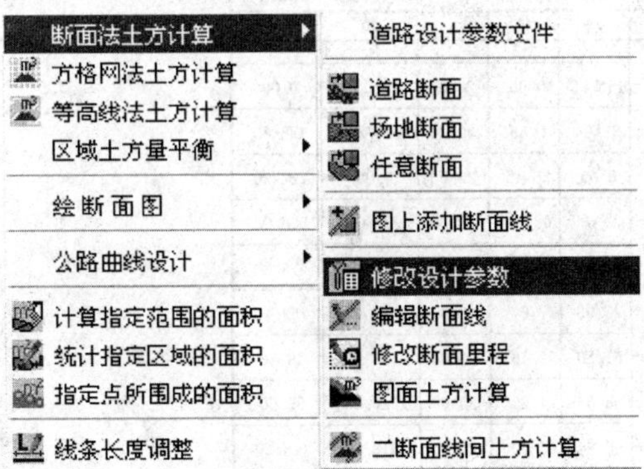

图 8.20 修改设计参数子菜单

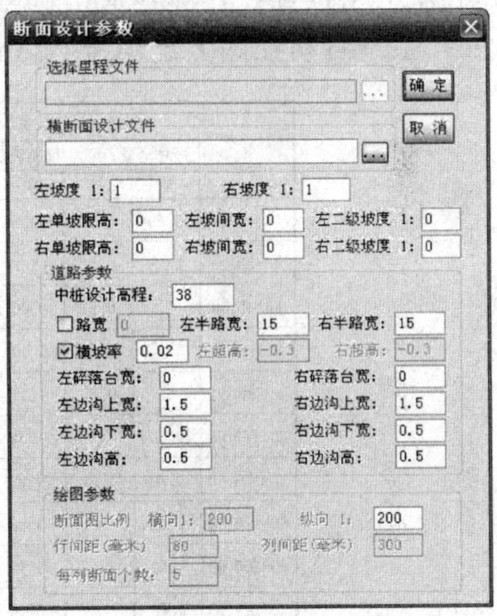

图 8.21 设计参数输入对话框

修改完毕后单击“确定”按钮，系统取得各个参数，自动对断面图进行重算。

6）如果生成的部分实际断面线需要修改，用鼠标点取“工程应用”→“断面法土方计算”→“编辑断面线”功能。

用鼠标点取图上需要编辑的断面线，选设计线或地面线均可（但编辑的内容不一样）。选中后弹出如图 8.22 所示的对话框，可以直接对参数进行编辑。

7）如果生成的部分断面线的里程需要修改，用鼠标单击“工程应用”→“断面法土方计算”→“修改断面里程”。

用鼠标单击图上需要修改的断面线，选设计线或地面线均可。

断面号：×，里程：××.×××，请输入该断面新里程：输入新的里程即可完成修改。将所有的断面编辑完后，就可进入下一步。

（4）计算工程量。

1）用鼠标单击“工程应用”→“断面法土方计算”→“图面土方计算”，如图 8.23 所示。

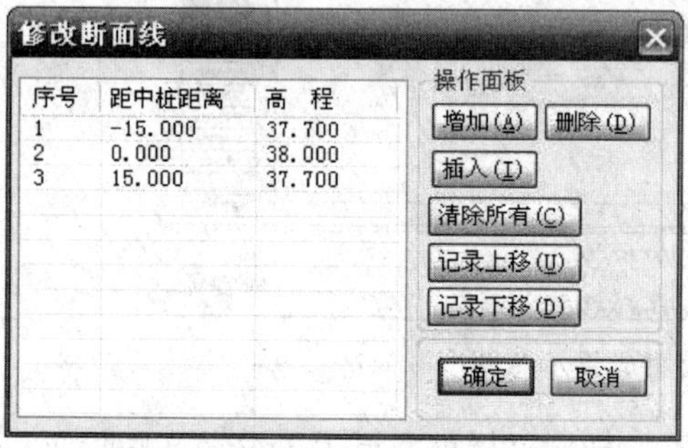

图 8.22 修改实际断面线高程

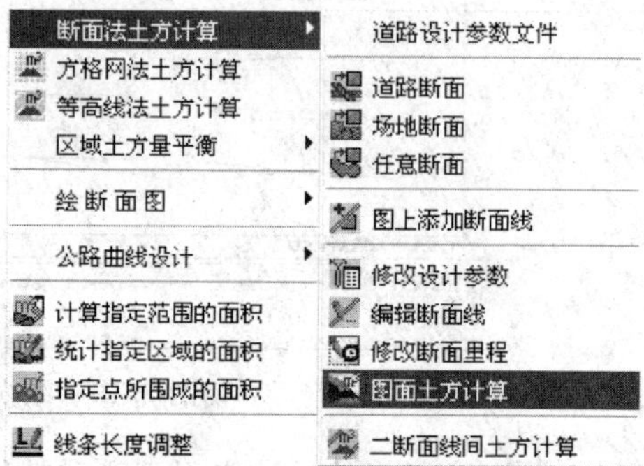

图 8.23 图面土方计算子菜单

命令行提示：

选择要计算土方的断面图：拖框选择所有参与计算的道路横断面图指定土石方计算表左上角位置：在屏幕适当位置点击鼠标定点。

2）系统自动在图上绘出土石方计算表，如图 8.24 所示。

土石方数量计算表									
里程	中心高/m		横断面积/(m×m)		平均面积/(m×m)		距离/m	总数量/(m×m×m)	
	填	挖	填	挖	填	挖		填	挖
K0+000	5.50		210.43	0.00					
					136.26	0.00	20.00	2725.10	0.00
K0+20.00	2.28		62.08	0.00					
					31.04	9.83	20.00	620.80	196.60
K0+40.00		0.27	0.00	19.66					
					0.00	36.15	20.00	0.00	722.90
K0+60.00		1.31	0.00	52.63					
					0.13	43.45	20.00	2.60	868.90
K0+80.00		0.70	0.26	34.26					
					12.22	23.69	20.00	244.40	473.80
K0+100.00	0.59		24.18	13.12					
					26.93	7.61	20.00	538.50	152.10
K0+120.00	1.88		29.67	2.09					
					51.80	2.16	20.00	1036.00	43.20
K0+140.00	2.02		73.93	2.23					
					66.33	4.28	20.00	1326.50	85.50
K0+160.00	1.59		58.72	6.32					
					60.94	5.92	20.00	1218.80	118.30
K0+180.00	1.88		63.16	5.51					
					75.37	3.05	20.00	1507.40	61.00
K0+200.00	2.78		87.58	0.59					
					141.55	0.30	20.00	2830.90	5.90
K0+220.00	5.64		195.51	0.00					
					232.63	0.00	20.00	4652.50	0.00
K0+240.00	7.33		269.74	0.00					
					320.92	0.00	20.00	6418.40	0.00
K0+260.00	9.53		372.10	0.00					
					388.99	0.00	12.80	4979.01	0.00
K0+272.80	9.96		405.87	0.00					
合计								28100.91	2728.20

图 8.24 土石方计算表

3）并在命令行提示：

总挖方＝ ×××× 立方米，总填方＝ ×××× 立方米

4）至此，该区段的道路填挖方量已经计算完成，可以将道路纵横断面图和土石方计算表打印出来，作为工程量的计算结果。

8.4.4 软件法断面绘制及土方计算实训报告

实训任务书见表8.16，实训考核评价表见表8.17。

表8.16 实训任务书

实训任务	软件法断面绘制及土方计算			建议学时	4
班级		姓名		工作日期	
实训目标	1. 能够用软件法绘制路线断面图。 2. 能够用软件法进行土方计算				
实训内容	软件法断面绘制、土方计算				
安全须知	学生听从指导教师的安排及指挥，不在测绘地理信息数据处理实训室相互打闹；保护好电脑及配件；遵守测量实训须知的安全与文明要求				
实习成果	实训报告				
实训要求	1. 掌握CASS软件工程应用中的纵断面测量的基础知识和技能； 2. 掌握CASS软件工程应用中的横断面测量的基础知识和技能； 3. 掌握CASS软件工程应用中土方计算的基础知识和技能； 4. 具备一定的实践动手能力、自学能力、数据计算能力、一定的沟通协调能力、语言表达能力和团队意识； 5. 严格遵守课堂纪律，不迟到、不早退；学习态度认真、端正； 6. 积极参与小组讨论； 7. 完成“软件法断面绘制及土方计算”实训报告				
考核评价	评价内容：仪器操作正确性和工作效率评价；测量数据的正确性、完整性评价；完成报告的完整性评价；安全文明和合作性评价等。 评价方式：由学生自评（自述、评价，占10%）、小组评价（分组讨论、评价，占20%）、教师评价（根据学生学习态度、工作报告及现场抽查知识或技能进行评价，占70%）构成该同学该任务成绩				

表8.17 实训考核评价表

考核指标	指标内涵	分值	学生自评	小组评分	教师评分	实得分数
准备工作（20）	准备工作完整性	10				
	实训步骤内容描述	8				
	知识掌握完整程度	2				
工作过程（55）	测量数据正确性、完整性	10				
	精度评价	5				
	断面图绘制及土方计算成果的完整性	40				

续表

考核指标	指标内涵	分值	学生自评	小组评分	教师评分	实得分数
基本操作（10）	操作程序正确	5				
	操作符合作业要求	5				
完成时间（5）	能够在要求的90分钟内完成，每超时5分钟扣1分	5				
合作性（10）	独立完成任务得满分	10				
	在组内成员帮助下得6分					
总分		100				

思政园地：《水利工程勘测设计失误问责办法（试行）》及案例

水利部2020年3月4日下发《水利工程勘测设计失误问责办法（试行）》（水总〔2020〕33号），规范水利行业勘测设计行为，强化勘测设计责任。失误认定的依据有法律、法规、规章，强制性标准，推荐性技术标准，批准的项目初步设计和设计变更文件等，由水利部、省级水行政主管部门、地市级、县级水行政主管部门进行失误认定。失误通过巡查、稽查、监督检查和调查等方式发现。水利工程勘测设计失误按照对工程的质量、功能、安全和投资的影响程度，分为一般勘测设计失误、较重勘测设计失误和严重勘测设计失误三个等级。

《水利工程勘测设计失误问责办法（试行）》中测量部分的失误分级标准为：测量成果精度不符合技术标准要求，但对工程设计和施工造成影响较小，属一般勘测设计失误；测量成果精度不符合技术标准要求，对工程设计和施工造成较大影响，属较重勘测设计失误；测量成果错误，对工程设计和施工造成重大影响，属严重勘测设计失误。

案例如下。

××县水务局行政处罚决定书

被处罚单位名称：

本机关于××年××月××日对你单位（××水库导流洞工程项目监理部）监理的××水库导流隧洞开挖轴线与设计轴线出现偏差进行调查。经调查，造成此次隧洞轴线偏差的主要原因为施工单位在测量过程中测量仪器出现了问题，且没有及时进行校核所致，但你单位亦存在以下问题：对工程质量重视不够、责任心不强，监理不到位。

依照《水利工程勘测设计失误问责办法（试行）》，决定对你单位作出如下行政处罚：

一、责令你公司对此问题立即进行整改。

二、对你公司进行经济处罚，处以罚款5000.00元（大写伍仟元整）。本决定自送达当事人时发生法律效力。

你单位如不服本处罚决定，可在接到本处罚决定书之日起 60 日内向××县人民政府或××市水务局申请行政复议，也可在六个月内直接向××县人民法院提起诉讼。逾期不履行行政处罚决定的，本机关将依法强制执行或者申请人民法院强制执行。

审核人：　　　　　　　　　　　　　　　　××××年××月××日

模块 3　水利工程施工建设阶段测量工作

工程案例：万家寨某库区河道清障及生态环境修复工程

本工程基于万家寨某库区河道的发展状况和范围，对河道进行了综合治理，使其满足河道行洪、生态治理的要求。河道整治工程的设计内容主要包括河道平面布置、河道纵向设计、河道堤防设计及相关计算等。

河道平面布置基于河道的行洪能力与宽度情况，把河道调整为复式断面，将其分为滩地和主槽。主槽主要是景观蓄水区域和行洪区域，滩地是绿化种植区域和人们的活动区域。

治理段河道现状纵坡较陡，总体为上陡下缓。河道纵坡设计起点、终点均与现状高程拟合。为达到生态及水面效果，在不影响河道行洪的前提下，对河道纵坡进行了调整。本工程调缓了蓄水段河道的纵坡，落差采用了跌水形式；湿地段基本沿原河道纵坡进行设计，桥后集中落差采用的是多级景观跌水形式。

本工程采用复式断面，由堤防、滩地、主槽等组成。主槽主要为形成湿地及水面景观段。主槽控制线在平面上满足河道行洪要求的前提下，尽量蜿蜒，为水生态恢复奠定基础。根据蓄水段与湿地段水深的不同，采用不同的防护形式。治理段西大桥上游段河道现状堤防以满足防洪要求，除小部分调整外，其余均保留原堤防不变。将西大桥下游段河道拓宽为100m，对西大桥至拟建白沙河桥段右岸进行加高。河道向左侧拓宽，需新建堤防。堤防使用河道拓宽开挖土料进行填筑，内外边坡均为1：3。

现需根据工程设计图纸完成河道中线放样和边坡放样工作，以便现场进行施工建设。

项目 9

渠道中线测量

【学习目标】

通过学习渠道中线测量中数据获取相关知识和直线放样、曲线放样技能，培养学生测设直线、测设曲线的能力。

【情感、态度与价值观目标】

1. 通过了解红旗渠的历史和认识相关渠道工程，激发学生的专业认同感和社会责任感；

2. 通过测设直线、测设曲线后进行坐标数据检核，培养学生养成精雕细琢、精益求精的工匠精神；

3. 渠道中线的测量实训操作以小组的形式开展，养成科学、缜密、严谨、求实的思想作风和团结协作能力；

4. 实训过程中要爱护仪器，轻拿轻放，螺旋扭动时要轻转，培养良好的职业道德。

任务 9.1　渠道中线测量——直线段测设

9.1.1　实训目标

（1）掌握自由导线控制点和顺路导线控制点的含义及关系。

（2）掌握渠道中线直线段放样的方法。

渠道中线测量

9.1.2　实训准备与要求

9.1.2.1　实训准备

1. 场地条件

无雨天的室外是最好的，可以选择宽阔的广场进行操作练习。

2. 设备条件

每组配备一套全站仪，测角精度为 2s，要求状态良好，无部件损坏情况；与仪器配套的支架要求架头牢固，架腿伸缩自如，螺钉应固紧，架身无晃动，架腿支好后无滑动现象。

3. 工具及材料条件

准备 5m 小卷尺 1 把，单棱镜 1 根，画点用记号笔或白板笔。

9.1.2.2 教师准备

提前布置实训任务，让学生预习有关知识；按照预先的每 5 人分组，准备好实训材料和工具，制定好实训程序和步骤，指导学生进行实训活动。

9.1.2.3 学生准备

做好知识的预习与储备，掌握渠道中桩放样的方法；提前分析中桩放样的工作程序，严格遵照实训指导书的操作要求和注意事项，按照组内分工积极参与实训活动。

9.1.2.4 安全与文明要求

学生听从指导教师的安排及指挥，不在测量作业面上相互打闹；保护好测量仪器及工具；遵守测量实训须知的安全与文明要求；主动保护模拟施工场地上的各种测量标记，发现标记移动或损毁后要第一时间上报指导教师。

9.1.2.5 参考资料

《工程测量规范》(GB 50026—2022)、《工程测量员国家职业标准》(6-01-02-04)、《水利水电工程施工测量规范》(SL 52—2015)、《工程测量通用规范》(GB 55018—2021)

9.1.3 实训内容

实训场地内有已知自由导线控制点 A、B，其坐标为 $X_A=6058.133$，$Y_A=9343.276$，$X_B=6035.465$，$Y_B=9338.863$，另有一段渠道，其顺路导线控制点已知数据如下：

(1) 路线起点 QD 桩号 K0+000，坐标为 $X=6053.133$，$Y=9333.215$。

(2) ZY 点 K0+040，坐标为 $X=6021.613$，$Y=9308.589$。

(3) 路线终点的桩号为 K0+150。

(4) 圆曲线要素。

圆曲线半径：$R=50.000$m，转角：$48°21'5.00''$（左），路线的方位角为 218°。要求完成直线段 20m 桩距的中桩测设。

9.1.4 实训步骤和方法

9.1.4.1 用导线控制点测设中线

用导线控制点测设中线，实质上就是根据导线点坐标与渠道中线坐标之间的关系，借以高精度的测距手段，利用全站仪坐标放样法将渠道中线放到实地。因此，也可称之为“坐标法”。具体操作参考全站仪测设内容。坐标计算的方法目前国内开发了若干计算软件可以快速完成公路工程坐标的计算，使用非常的方便，另外测量工程人员也可以利用 Excel 软件根据自己的需要进行编程，快速计算所需要完成路段的坐标。

软件计算实训项目路线中桩坐标的步骤如下：

(1) 路线起点至 *ZY* 点直线段中桩坐标。

(2) *ZY* 点至 *YZ* 点圆曲线中桩坐标。

(3) *YZ* 点至路线终点中桩坐标。

9.1.4.2 利用顺路导线控制点测设中线直线段

利用全站仪坐标放样功能，根据实训场地内有已知自由导线控制点 A、B，放样给定的顺路导线控制点 *QD* 和 *ZY*。具体操作参考全站仪测设内容。

具体测设过程如下：路线起点至 *ZY* 点直线段中桩放样。在路线起点建站，对中整平全站仪，瞄准 *ZY* 点，制动该方向，按照距离放样的方法依次测设 20m 水平距离定桩即为直线桩点。

9.1.5 注意事项

（1）安置仪器时，脚架要稳固，脚架的固定螺旋应拧紧（注意松紧的方向，勿乱拧），中心螺旋也要适当拧紧。

（2）观测时，立在点位上的花杆应尽量竖直，尽可能用十字丝交点瞄准花杆根部，最好能瞄准桩心的点位。

（3）要求对中误差小于 1mm，整平误差管气泡要求小于一格。

（4）放样桩位画点时使用十字交叉线，交点即为桩位。

9.1.6 渠道中线放样实训报告

实训任务书见表 9.1，中桩记录表见表 9.2，实训考核评价表见表 9.3。

表 9.1　　实 训 任 务 书

实训任务	渠道中线测量——直线段测设			建议学时	2
班级		学生姓名		工作日期	
实训目标	1. 掌握自由导线控制点和顺路导线控制点的含义及关系。 2. 掌握渠道中线直线段放样的方法				
实训内容	实训场地内有已知自由导线控制点 *A*、*B*，其坐标为 $X_A=6058.133$，$Y_A=9343.276$，$X_B=6035.465$，$Y_B=9338.863$，另有一段渠道，其顺路导线控制点已知数据如下： 1. 路线起点桩号 K0+000，坐标为 $X=6053.133$，$Y=9333.215$。 2. *ZY* 点 K0+040，坐标为 $X=6021.613$，$Y=9308.589$。 3. 路线终点的桩号为 K0+150。 4. 圆曲线要素： 圆曲线半径：$R=50.000$m，转角：48°21′5.00″（左），路线的方位角为 218°。 要求完成直线段 20m 桩距的中桩测设				
安全与文明要求	学生听从指导教师的安排及指挥，不在测量作业面上相互打闹；保护好测量仪器及工具；遵守测量实训须知的安全与文明要求；主动保护模拟施工场地上的各种测量标记，发现标记移动或损毁后要第一时间上报指导教师				
提交成果	实训报告				
对学生的要求	1. 具备渠道工程识图与绘图的基础知识。 2. 具备渠道工程构造的知识。 3. 具备全站仪使用的基础知识。 4. 具备一定的实践动手能力、自学能力、数据计算能力、一定的沟通协调能力、语言表达能力和团队意识。 5. 严格遵守课堂纪律，不迟到、不早退；学习态度认真、端正。 6. 每位同学必须积极参与小组讨论。 7. 完成“渠道中线测量——直线段测设”实训报告				
考核评价	评价内容：仪器操作正确性和工作效率评价；测量数据的正确性、完整性评价；完成报告的完整性评价；安全文明和合作性评价等。 评价方式：由学生自评（自述、评价，占 10%）、小组评价（分组讨论、评价，占 20%）、教师评价（根据学生学习态度、工作报告及现场抽查知识或技能进行评价，占 70%）构成该同学该任务成绩				

表 9.2 中桩记录表

序号	里程桩号	X (N)	Y (E)	所属名称	备注

注 所属名称是指中桩的具体名称，例如路线起点、终点、整桩号或曲线的起点、终点等，填写时每段只记录关键的起点和终点即可，备注中注明所在段落。

表 9.3 实训考核评价表

考核指标	考核内容及要求	分值	学生自评 (10%)	小组评分 (20%)	教师评分 (70%)	实得分数
准备工作 (20)	准备工作完整性	10				
	实训步骤内容描述	8				
	知识掌握完整度	2				
工作过程 (45)	测量数据正确性、完整性	10				
	测量精度评价	15				
	报告完整性	20				
基本操作 (10)	操作程序正确	5				
	操作符合限差要求	5				
安全文明 (10)	叙述工作过程应注意的安全事项	5				
	工具正确使用和保养、放置规范	5				
完成时间 (5)	能够在要求的 90 分钟内完成，每超时 5 分钟扣 1 分	5				
合作性 (10)	独立完成任务得满分	10				
	在组内成员帮助下得 6 分					
总分		100				

任务 9.2 渠道中线测量——曲线段测设

9.2.1 实训目标

（1）能够完成渠道中线曲线段放样工作。

（2）能够熟练使用全站仪完成曲线细部放样（切线支距法、偏角法及坐标放样法）。

9.2.2 实训准备与要求

9.2.2.1 实训准备

1. 场地条件

无雨天的室外是最好的，可以选择宽阔的广场进行操作练习。

2. 设备条件

每组配备一套全站仪，测角精度为 2s，要求状态良好，无部件损坏情况；与仪器配套的支架要求架头牢固，架腿伸缩自如，螺钉应固紧，架身无晃动，架腿支好后无滑动现象。

3. 工具及材料条件

准备 5m 小卷尺 1 把，单棱镜 1 个，画点用记号笔或白板笔。

9.2.2.2 教师准备

提前布置实训任务，让学生预习有关知识；按照预先的每 5 人分组，准备好实训材料和工具，制定好实训程序和步骤，指导学生进行实训活动。

9.2.2.3 学生准备

做好知识的预习与储备，掌握渠道中桩放样的方法；提前分析中桩放样的工作程序，严格遵照实训指导书的操作要求和注意事项，按照组内分工积极参与实训活动。

9.2.2.4 安全与文明要求

学生听从指导教师的安排及指挥，不在测量作业面上相互打闹；保护好测量仪器及工具；遵守测量实训须知的安全与文明要求；主动保护模拟施工场地上的各种测量标记，发现标记移动或损毁后要第一时间上报指导教师。

9.2.2.5 参考资料

《工程测量规范》(GB 50026—2022)、《工程测量员国家职业标准》(6-01-02-04)、《水利水电工程施工测量规范》(SL 52—2015)、《工程测量通用规范》(GB 55018—2021)。

9.2.3 实训内容

实训场地内有已知自由导线控制点 A、B，其坐标为 $X_A=6058.133$，$Y_A=9343.276$，$X_B=6035.465$，$Y_B=9338.863$，另有一段渠道，其顺路导线控制点已知数据如下：

（1）路线起点 QD 桩号 K0＋000，坐标为 $X=6053.133$，$Y=9333.215$。

（2）ZY 点 K0＋040，坐标为 $X=6021.613$，$Y=9308.589$。

（3）路线终点的桩号为 K0＋150。

（4）圆曲线要素。

圆曲线半径：$R=50.000$m，转角：48°21′5.00″（左），路线的方位角为 218°。要求完成曲线段 10m 桩距的中桩测设。

9.2.4 实训步骤和方法

9.2.4.1 用导线控制点测设中线

用导线控制点测设中线，实质上就是根据导线点坐标与渠道中线坐标之间的关系，借以高精度的测距手段，利用全站仪坐标放样法将渠道中线放到实地。因此，也可称之为“坐标法”。具体操作参考全站仪测设内容。坐标计算的方法目前国内开发了若干计算软件可以快速完成公路工程坐标的计算，使用非常的方便，另外测量工程人员也可以利用 Excel 软件根据自己的需要进行编程，快速计算所需要完成路段的坐标。

软件计算实训项目路线中桩坐标的步骤如下：

（1）路线起点至 ZY 点直线段中桩坐标。

（2）ZY 点至 YZ 点圆曲线中桩坐标。

（3）YZ 点至路线终点中桩坐标。

9.2.4.2 利用顺路导线控制点测设中线曲线段

利用全站仪坐标放样功能，根据实训场地内有已知自由导线控制点 A、B，放样给定的顺路导线控制点 QD 和 ZY 点。具体操作参考全站仪测设内容。

具体测设过程如下：

1. 圆曲线的主点测设

圆曲线的测设一般分为两步：第一步，根据圆曲线的测设元素，测设曲线的主点，即曲线的起点（直圆点 ZY）、曲线的中点（曲中点 QZ）和曲线的终点（圆直点 YZ）；第二步，根据主点按规定的桩距进行加密测设，详细标定圆曲线的形状和位置，即进行圆曲线细部点的测设。

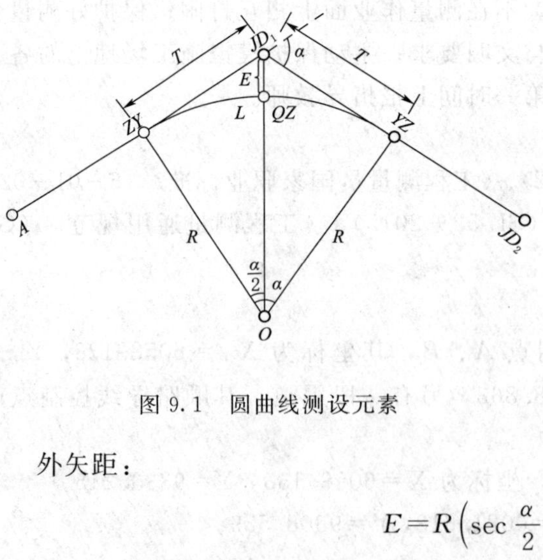

图 9.1 圆曲线测设元素

（1）计算曲线测设元素。

圆曲线测设中，T、L、E、D 一般是以 R 和 α 为因数计算，如图 9.1 所示关系，也可直接从有关“曲线测设用表”中查得。

切线长：

$$T=R\cdot\tan\frac{\alpha}{2} \tag{9.1}$$

曲线长：

$$L=R\cdot\alpha\cdot\frac{\pi}{180^\circ} \tag{9.2}$$

外矢距：

$$E=R\left(\sec\frac{\alpha}{2}-1\right) \tag{9.3}$$

切曲差：

$$D=2T-L \tag{9.4}$$

（2）推算主点里程桩号。

为表示桩点至路线起点的距离，在渠道工程中还需要根据交点 JD 的里程和以上曲线元素计算圆曲线主点的里程（桩号）。

ZY 里程 $=JD$ 里程 $-T$

YZ 里程 $=ZY$ 里程 $+L$

QZ 里程 $=YZ$ 里程 $-L/2$

JD 里程 $=QZ$ 里程 $+D/2$

在上式的最后一步，若计算出的交点 JD 里程与实际相同，说明计算无误。

（3）圆曲线主点测设。

置全站仪于 JD 上，望远镜照准后一方向线的交点、转点或 ZY 点，测设切线长 T，得曲线起点 ZY，插一测钎。设置终点 YZ 时，将望远镜拨角（$180°-\alpha$），测设切线长 T，得曲线终点，打下 YZ 桩。最后沿（$180°-\alpha$）角的分角线方向测设 E 值得曲线中点，打下 QZ 桩。

2. 圆曲线细部点测设

圆曲线的主点测设只标出了起点、中点、终点三个主点，显然，仅这三个点还不能详细地表达曲线的形状与位置。所以，在圆曲线的主点设置后，还需按规定桩距进行圆曲线的细部点位置的测设，这项工作称细部点测设或详细测设。细部点测设所采用的桩距 l_0 与曲线半径大小有关，一般有如下规定：

$$R\geqslant 100\text{m 时}, l_0=20\text{m}$$

$$25\text{m}<R<100\text{m 时}, l_0=10\text{m}$$

$$R\leqslant 25\text{m 时}, l_0=5\text{m}$$

按桩距 l_0 在曲线上设里程桩号，通常有以下两种方法：

其一为整桩号法。将曲线上靠近起点 ZY 的第一个桩的桩号凑整成为 l_0 倍数的整桩号，然后按桩距 l_0 连续向曲线终点 YZ 设桩。这种方法排桩号，细部桩的里程桩号均为整桩号。

其二为整桩距法。从曲线起点 ZY 和终点 YZ 开始，分别以桩距 l_0 连续向曲线中点 QZ 设桩。这种方法，细部桩的里程桩号均为非整桩号。

通过确定细部点的桩距和排桩号，可以知道圆曲线上细部桩的数量和里程。细部测设的方法很多，有切线支距法、偏角法和极坐标法，另外还有坐标放样法，渠道工程中常用的是切线支距法和偏角法。坐标放样法在前面均有叙述，分为独立直角坐标和高斯平面直角坐标，其中独立直角坐标可以采用切线支距坐标进行放样。

（1）切线支距法。

切线支距法即直角坐标定点（图 9.2），它是分别以曲线的起点、终点为坐标原点，以切线为 x 轴，过原点的半径为 y 轴建立起直角坐标系，利用曲线上各细部点的坐标 x（横距），y（纵距）来设置各桩点，测设时分别从曲线的起点和终点向曲线中点施测。

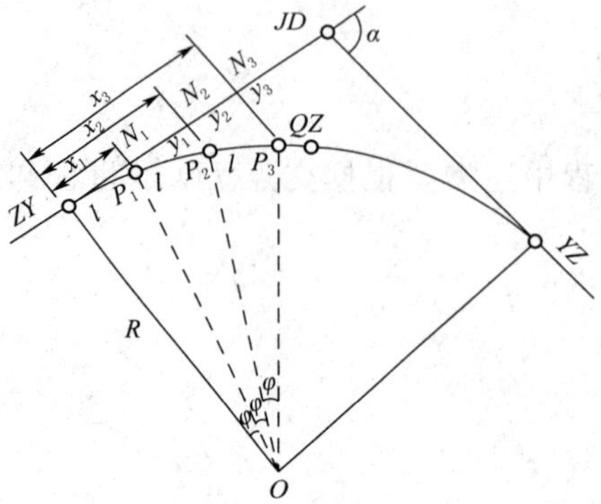

图 9.2 切线支距法细部放样示意

1）细部点测设数据的计算。

如图 9.2 所示，设 l_i 为细部点 P_i 至原点间的弧长，φ_i 为 l_i 对应的圆心角，R 为曲线半径。当由 P_i 向切线作垂线，得各垂足 N_i，由图可知，细部点在坐标系中的坐标计算公式为

$$x_i = R\sin\varphi_i$$
$$y_i = R(1-\cos\varphi_i)$$

式中 $\varphi_i = \dfrac{l_i}{R} \cdot \dfrac{180}{\pi}$ （$i=1, 2, 3, 4, \cdots$）

实际测设计算时，x、y 值可根据弧长 l_i、半径 R 逐点按上式计算，也可根据 l_i、R 为引数从“曲线测设用表”中查得。

2）细部点测设方法。

a. 在 ZY 点安置经纬仪，瞄准 JD 定出切线方向。沿其视线方向丈量横坐标值 x_1、x_2 得各垂足 N_1、N_2 等。

b. 在 N_i 点用方向架或经纬仪定出直角方向，沿其方向丈量纵坐标值 y_i，即从 N_1 点沿直角方向丈量 y_1 得 P_1，从 N_2 点沿直角方向丈量 y_2 得 P_2，依次类推直到曲中点 QZ。

c. 对于另一半曲线，由 YZ 点测设，可根据由 YZ 点至 QZ 点计算的坐标数据，按上述的方法进行测设。

d. 曲线辅点测设完成后，要量取曲中点至最近的辅点间距离及各桩点间的桩距，比较较差是否在限差之内，若较差超限，应查明原因，予以纠正。

切线支距法适用于地势平坦地区，具有桩点误差不累积、测法简单等优点，因而应用比较广泛。

（2）偏角法。

偏角法是以曲线起点（ZY）或终点（YZ）至曲线上待测设点 P_i 的弦线与切线之间的弦切角（这里称为偏角）δ 和弦长 d 来确定 P 点的位置。

1）设数据的计算。

如图 9.3 所示，根据几何原理，偏角 δ_i 等于相应弧长所对的圆心角 φ_i 的一半，即 $\delta_i=\varphi_i/2$。里程桩整桩的桩距（弧长）为 l，首尾两段零头弧长为 l_1、l_2、l 所对应的圆心角分别为 φ_1、φ_2、φ，可按下列公式计算：

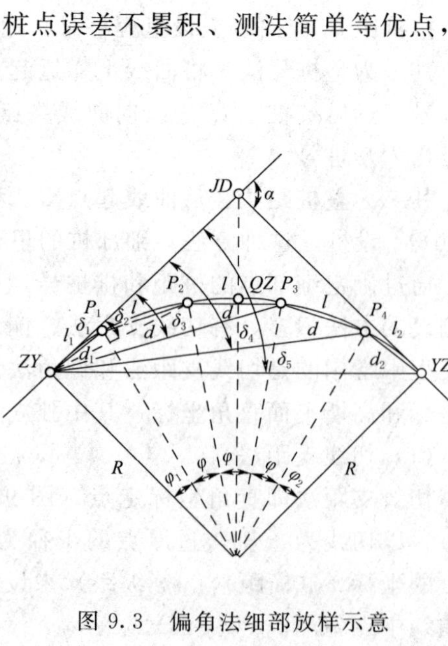

图 9.3 偏角法细部放样示意

$$\varphi_1=\frac{180°}{\pi}\cdot\frac{l_1}{R}$$

$$\varphi_2=\frac{180°}{\pi}\cdot\frac{l_2}{R}$$

$$\varphi=\frac{180°}{\pi}\cdot\frac{l}{R}$$

弧长 l_1、l_2、l 所对应的弦长分别为 d_1、d_2 和 d，可按下列公式计算

$$d_1=2R\cdot\sin\frac{\varphi_1}{2}$$

$$d_2=2R\cdot\sin\frac{\varphi_2}{2}$$

$$d=2R\cdot\sin\frac{\varphi}{2}$$

曲线上各点的偏角等于相应所对圆心角的一半，即

第 1 点的偏角为

$$\delta_1=\frac{\varphi_1}{2}$$

第 2 点的偏角为

$$\delta_2=\frac{\varphi_1}{2}+\frac{\varphi}{2}$$

……

第 i 点的偏角为

$$\delta_i=\frac{\varphi_1}{2}+(i-1)\frac{\varphi}{2}$$

……

终点 YZ 点的偏角为

$$\delta_n=\frac{\alpha}{2}$$

2）测设方法。

a. 安置全站仪或经纬仪于曲线起点（ZY）上，盘左瞄准交点（JD），将水平度盘读数设置为 0°00′00″。

b. 水平转动照准部，使水平度盘读数的偏角值为 δ_1，然后，从 ZY 点开始，沿望远镜视线方向量测出弦长 d_1，定出曲线第一点桩位。

c. 继续水平转动照准部，使水平度盘读数的偏角值为 δ_2 沿望远镜视线方向量测出弦长 d_2，定出第二点桩位。依此类推测设到曲线中间点里程桩，检查测设的质量。以此完成半个曲线的测设。

d. 安置全站仪或经纬仪于曲线终点（YZ）上，往回测设另外半个曲线。

3. YZ 点至路线终点直线段中桩放样

在 YZ 点建站，对中整平全站仪，瞄准 JD 点，制动该方向倒镜，按照距离放

样的方法依次测设 20m 水平距离定桩即为直线桩点测设至路线终点。

9.2.5 注意事项

（1）安置仪器时，脚架要稳固，脚架的固定螺旋应拧紧（注意松紧的方向，勿乱拧），中心螺旋也要适当拧紧。

（2）观测时，立在点位上的花杆应尽量竖直，尽可能用十字丝交点瞄准花杆根部，最好能瞄准桩心的点位。

（3）要求对中误差小于 1mm，整平误差管气泡要求小于一格。

（4）放样桩位画点时使用十字交叉线，交点即为桩位。

9.2.6 渠道中线放样实训报告

实训任务书见表 9.4，中桩记录表见表 9.5，主点里程计算表见表 9.6，切线支距法的坐标计算表见表 9.7，偏角法的放样数据计算表见表 9.8，实训考核评价表见表 9.9。

表 9.4　　　　实 训 任 务 书

实训任务	渠道中线测量——曲线段测设		建议学时	2
班级		学生姓名	工作日期	
实训目标	1. 能够完成渠道中线曲线段放样工作。 2. 能够熟练使用全站仪完成曲线细部放样（切线支距法、偏角法及坐标放样法）			
实训内容	实训场地内有已知自由导线控制点 A、B，其坐标为 $X_A=6058.133$、$Y_A=9343.276$，$X_B=6035.465$、$Y_B=9338.863$，另有一段渠道，其顺路导线控制点已知数据如下： 1. 路线起点桩号 K0+000，坐标为 $X=6053.133$，$Y=9333.215$。 2. ZY 点 K0+040，坐标为 $X=6021.613$，$Y=9308.589$。 3. 路线终点的桩号为 K0+150。 4. 圆曲线要素： 圆曲线半径：$R=50.000$m，转角：48°21′5″（左），路线的方位角为 218°。 要求完成曲线段 10m 桩距的中桩测设			
安全与文明要求	学生听从指导教师的安排及指挥，不在测量作业面上相互打闹；保护好测量仪器及工具；遵守测量实训须知的安全与文明要求；主动保护模拟施工场地上的各种测量标记，发现标记移动或损毁后要第一时间上报指导教师			
提交成果	实训报告			
对学生的要求	1. 具备渠道工程识图与绘图的基础知识。 2. 具备渠道工程构造的知识。 3. 具备全站仪使用的基础知识。 4. 具备一定的实践动手能力、自学能力、数据计算能力、一定的沟通协调能力、语言表达能力和团队意识。 5. 严格遵守课堂纪律，不迟到、不早退；学习态度认真、端正。 6. 每位同学必须积极参与小组讨论。 7. 完成“渠道中线测量——曲线段测设”实训报告			
考核评价	评价内容：仪器操作正确性和工作效率评价；测量数据的正确性、完整性评价；完成报告的完整性评价；安全文明和合作性评价等。 评价方式：由学生自评（自述、评价，占 10%）、小组评价（分组讨论、评价，占 20%）、教师评价（根据学生学习态度、工作报告及现场抽查知识或技能进行评价，占 70%）构成该同学该任务成绩			

表 9.5　　　　　　　　　　　　中 桩 记 录 表

序号	里程桩号	X（N）	Y（E）	所属名称	备注

注　所属名称是指中桩的具体名称，例如路线起点、终点、整桩号或曲线的起点、终点等，填写时每段只记录关键的起点和终点即可，备注中注明所在段落。

表 9.6　　　　　　　　　　　　主 点 里 程 计 算 表

序号	点号	公　式	里程桩号	备注
1	JD			
2	ZY	ZY 里程 $= JD$ 里程 $-T$		
3	YZ	YZ 里程 $= ZY$ 里程 $+L$		
4	QZ	QZ 里程 $= YZ$ 里程 $-\frac{L}{2}$		
5	JD	JD 里程 $= QZ$ 里程 $+\frac{D}{2}$		验算

表 9.7　　　　　　　　　　　　切线支距法的坐标计算表

（要求：桩号采用整桩号法，桩距采用 10m。）

曲线点号	里程桩号	各桩到起点曲线长	$X_i = R\sin\varphi_i$	$Y_i = R(1-\cos\varphi_i)$

表 9.8 偏角法的放样数据计算表

（要求：桩号采用整桩号法，桩距采用 10m。）

曲线点号	里程桩号	各桩到起点曲线长	$\Delta_i=\frac{1}{2}\frac{l}{R}\frac{180^\circ}{\pi}=\frac{1}{2}\varphi_i$	$d_i=2R\sin\Delta_i$

表 9.9 实训考核评价表

<table>
<tr><th>考核指标</th><th>考核内容及要求</th><th>分值</th><th>学生自评
（10%）</th><th>小组评分
（20%）</th><th>教师评分
（70%）</th><th>实得分数</th></tr>
<tr><td rowspan="3">准备工作
（20）</td><td>准备工作完整性</td><td>10</td><td></td><td></td><td></td><td></td></tr>
<tr><td>实训步骤内容描述</td><td>8</td><td></td><td></td><td></td><td></td></tr>
<tr><td>知识掌握完整度</td><td>2</td><td></td><td></td><td></td><td></td></tr>
<tr><td rowspan="3">工作过程
（45）</td><td>测量数据正确性、完整性</td><td>10</td><td></td><td></td><td></td><td></td></tr>
<tr><td>测量精度评价</td><td>15</td><td></td><td></td><td></td><td></td></tr>
<tr><td>报告完整性</td><td>20</td><td></td><td></td><td></td><td></td></tr>
<tr><td rowspan="2">基本操作
（10）</td><td>操作程序正确</td><td>5</td><td></td><td></td><td></td><td></td></tr>
<tr><td>操作符合限差要求</td><td>5</td><td></td><td></td><td></td><td></td></tr>
<tr><td rowspan="2">安全文明
（10）</td><td>叙述工作过程应注意的安全事项</td><td>5</td><td></td><td></td><td></td><td></td></tr>
<tr><td>工具正确使用和保养、放置规范</td><td>5</td><td></td><td></td><td></td><td></td></tr>
<tr><td>完成时间
（5）</td><td>能够在要求的 90 分钟内完成，每超时 5 分钟扣 1 分</td><td>5</td><td></td><td></td><td></td><td></td></tr>
<tr><td rowspan="2">合作性
（10）</td><td>独立完成任务得满分</td><td rowspan="2">10</td><td></td><td></td><td></td><td></td></tr>
<tr><td>在组内成员帮助下得 6 分</td><td></td><td></td><td></td><td></td></tr>
<tr><td colspan="2">总分</td><td>100</td><td></td><td></td><td></td><td></td></tr>
</table>

思政园地：红旗渠精神

红旗渠精神的内涵是“自力更生、艰苦创业、团结协作、无私奉献”，是在修建红旗渠的过程中形成的。红旗渠动工于 1960 年，勤劳勇敢的 30 万林州人民苦战 10 个春秋，仅仅靠着一锤、一铲、两只手，在太行山悬崖峭壁上修成了红旗渠。

红旗渠总干渠墙高 4.3m，宽 8m，长 70.6km，设计加大流量 $23s/m^3$。到分水岭分为 3 条干渠，南北纵横，贯穿于林州腹地。一干渠长 39.7km，二干渠长 47.6km，三干渠长 10.9km。红旗渠灌区共有干渠、分干渠 10 条，长 304.1km；支渠 51 条，长 524.1km，斗渠 290 条，长 697.3km，合计总长 1525.6km，加农渠总长度达 4013.6km。

沿渠共建有“长藤结瓜”式一、二类水库 48 座，塘堰 345 座，提灌 45 座，共计兴利库容 6000 余 m^3。利用红旗渠居高临下的自然落差，兴建小型水力发电站 45 座，已成为“引、蓄、提、灌、排、电、景”相结合的大型灌区。

红旗渠建成通水 40 年来，共引水 85 亿 m^3，灌溉面积 8000 万亩次，增产粮食 15.9 亿 kg，促进了当地经济和社会事业的发展。

红旗渠被林州人民称为“生命渠”“幸福渠”。它的修建不仅从根本上改变了林州人民的生存条件，促进了林州的经济发展，而且孕育产生了红旗渠精神！

项目 10

土石坝施工测量

【学习目标】

通过学习土石坝施工控制测量、清基开挖线放样、坡脚线放样、边坡桩放样、修坡桩放样等知识，达到根据甲方给定控制点完成土石坝施工控制测量、坝轴线放样、清基开挖线放样、坡脚线放样、边坡桩放样、修坡桩放样等工作任务，使学生在学习的工作中锻炼专业能力、方法能力和社会能力等综合职业能力。

【情感、态度与价值观目标】

(1) 通过了解松塔水电站历史和认识水利工程的施工测量过程，激发学生的专业认同感和社会责任感。

(2) 土石坝施工控制测量实训操作以小组的形式开展，养成科学、缜密、严谨、求实的思想作风和团结协作能力。

(3) 通过土石坝施工控制测量，培养学生养成严格控制、精益求精的工匠精神。

(4) 实训过程中不同环节采用不同仪器、方法，培养学生随机应变的能力。

【土石坝施工测量案例】

松塔水电站是省委省政府“兴水战略”中的35项应急水源工程之一，2010年被确定为全省重点工程项目，其坝址位于寿阳县草庄村的潇河主流——松塔河上，控制流域面积1174km^2，以城市生活、工业供水及水力发电为主，兼顾防洪、灌溉等综合利用。水库库容9740万m^3，每年可为晋中城区和寿阳县提供城市及工业供水2200万m^3，年可发电349万kW，年农业灌溉水量885万m^3，改善潇河灌区灌溉面积17.57万亩❶，调蓄汛期洪水及削减洪峰流量，为下游城市、村镇、农田等提供防洪安全保障。

松塔水电站包括枢纽工程和供水管线工程两部分。枢纽工程包括大坝、供水发电洞、导流泄洪洞、溢洪道和坝后发电站等。大坝为碾压式均质土坝，最大坝高62.60m，坝顶长539.0m，坝顶宽10.0m。供水发电洞全长244.41m，由引渠段、进水塔段、压力洞段、无压洞段及压力钢管段组成。导流泄洪洞全长452.50m，由引渠段、压力洞段、闸室段、无压洞段、出口明渠及挑流消能段组成。溢洪道总长

❶ 1亩约为666.67m^2。

152.50m，由引渠段、控制段、泄槽段、挑流段和下游护坦段组成。发电站位于大坝下游左岸坝脚处，由供水发电洞引水，电站装机容量为 2×500kW，年均发电量 349 万 kW。

××测绘单位通过竞标获得该大坝施工测量任务，主要内容包括土石坝施工控制测量、坝轴线放样、清基开挖线放样、坡脚线放样、边坡桩放样、修坡桩放样。

任务 10.1　土石坝施工控制测量

土石坝施工测量概述

10.1.1　实训目标

（1）掌握土石坝施工控制测量方法。

（2）能够建立大坝基本控制网（高程、平面）。

（3）能够进行坝轴线测设。

（4）能够进行坝身控制线测量。

（5）能够进行坝体高程控制测量。

土石坝施工控制测量

10.1.2　实训准备与要求

10.1.2.1　实训准备

1. 场地准备

可选择校内实训场进行。已完成线路中桩的测设，现场高程控制点保持完好。

2. 设备准备

使用 DL2003 电子水准仪，精度为每公里中误差±0.3mm，要求状态良好，无部件损坏；与仪器配套的支架要求架头牢固，架腿伸缩自如，螺钉应固紧，架身无晃动，架腿支好后无滑动现象。全站仪 1 套，用于三角高程控制测量使用。

3. 工具及材料准备

每组准备 3m 长的铟瓦尺 1 对。

10.1.2.2　教师准备

提前在教学平台布置实训任务，发布控制测量的工作程序微课视频，让学生预习有关知识及操作步骤；按照预先的每 4 人分一组，准备好实训材料和工具，制定好实训程序和步骤，指导学生进行实训活动。

10.1.2.3　学生准备

做好知识的预习与储备，掌握控制测量方法；提前分析控制测量的工作程序，严格遵照本实训教程操作要求和注意事项，按照组内分工积极参与实训活动。

10.1.2.4　安全与文明要求

学生听从指导教师的安排及指挥，不在测量作业面上相互打闹；保护好测量仪器及工具；遵守测量实训须知的安全与文明要求；主动保护模拟施工场地上的各种测量标记，发现标记移动或损毁后要第一时间上报指导教师。

10.1.2.5　参考资料

《工程测量规范》（GB 50026—2022）、《工程测量员国家职业标准》（6-01-02-04）、《水利水电工程施工测量规范》（SL 52—2015）、《工程测量通用规范》（GB

55018—2021)。

10.1.3 实训步骤和方法

10.1.3.1 土石坝施工测量

大坝是水利工程中最主要的建筑物之一。按坝型可分为土坝、堆石坝、混凝土坝、重力坝、拱坝等；按功能可分为农田灌溉、防洪蓄洪为主的土石坝和以水力发电为主的混凝土重力坝。

大坝施工测量是修建大坝工程的基础性工作，是工程实施的指路标，更是检测工程质量的重要工具。土坝的施工测量程序与其他测量工作一样，也是由整体到局部，即先布设施工控制网，进行主轴线放样，然后放样辅助轴线及建筑物的细部。其工作内容主要包括控制网的建立、坝轴线测设、坝身控制测量、清基开挖线放样、坡脚线放样、边坡线放样、修坡桩放样及护坡桩放样等。

为保证施工测量的准确性和可靠性，应建立满足放样精度的施工控制网，施工平面控制网坐标系统应与规划勘测设计阶段的平面坐标系统一致，也可根据需要建立与规划勘测设计阶段的平面坐标系统有换算关系的施工平面坐标系统，一般分两级布网，即基本网和定线网。基本网起着控制主轴线的作用，定线网直接控制辅助轴线及细部位置。施工高程控制网也应与规划勘测设计阶段的高程系统相一致，并可根据需要与邻近国家水准点进行联测，其联测精度不应低于四等水准测量的要求。对相对高程精度要求高的工程部位可单独建立专用的高精度高程控制网，一般分两级布网，即基本网和临时水准点。基本网宜在施工区范围外布设至少一组（每组不少于3个点），宜布设成闭合或附合水准路线。

土坝建筑物的细部放样，如填筑轮廓点可直接由等级控制点测设，也可由测设的建筑物纵横轴线点放样。放样点密度以建筑物的形状和建筑材料而不同。例如，当直线形混凝土建筑物相邻放样点的最长距离为5～8m时，土石料建筑物放样点间的距离则为10～15m。放样填筑轮廓点的点位中误差及其平面位置中误差的分配，见表10.1的规定。

表10.1 填筑轮廓点点位中误差及其分配 单位：mm

建筑物类别	建筑材料	建筑物名称	点位中误差		平面位置中误差分配	
			平面	高程	测站点	放样
Ⅲ	土石料	副坝、护坦、护坡等其他水工建筑物	±30	±30	±25	±17
Ⅳ		碾压式坝、堤上下游边线、心墙等	±40	±30	±30	±25
Ⅴ		各种坝、堤内设施定位、填料分界线	±50	±30	±30	±40

除以上之外，施工测量人员还应遵守以下准则：

(1) 在各项施工测量工作开始之前，应熟悉设计图纸，了解有关规范、标准及合同文件规定的测量技术要求，选择合理的作业方法，制定测量实施方案。

（2）对所有观测数据，应使用规定的手簿随测随记。文字与数字应力求清晰、整齐、美观，不得任意撕页，记录中间也不得无故留下空页。对取用的数据均应由两人独立进行检查，确认无误后方可取用。对采用电子记录的作业应遵守相关规定。

（3）施工测量成果资料应进行检查、校核、整理、编号，分类归档，妥善保管。

（4）现场作业，必须遵守有关安全操作规程，注意人身和仪器安全，禁止违章作业。

（5）用于施工测量的仪器和量具应定期送交具有计量检测资质的专业机构进行全面的检定，并在其检定有效期内使用。对于要求在测前或测后也应进行检校的仪器、量具，可参照相应的规定进行自检。

10.1.3.2 土坝施工控制测量

土石坝施工控制网应根据工程建筑物（大坝）的总体布局、施工计划和工区的地形条件进行布设。为了在施工过程中保存点位和给放样工作创造良好的通视条件，施工控制网的布设应作为整个工程技术设计的一部分，故控制点的点位应标注在施工场地的总平面图上。土坝施工控制测量工作主要内容包括大坝基本控制网（高程、平面）的建立、坝轴线测设、坝身控制线测量、坝体高程控制测量。

1. 大坝基本控制网（高程、平面）的建立

大坝基本控制网起着控制全局的作用，是施工测量的基准，布设必须从网点的稳定、可靠、精确及经济等方面综合考虑决定。大坝大部分建筑物位于坝的下游。控制点若像勘测阶段那样均匀布设，则随着坝体的升高，上下游间的通视将受阻挡；另外，大坝蓄水后，布设于上游的地势较低的点将被淹没或稳定性受到影响。因此，控制网的布设应以下游为重点，同时兼顾上游，这样有利于放样。

从放样使用方便来看，控制点应尽量靠近建筑物，但这样往往容易被施工所破坏，即使点位保存下来，但由于在施工时受到附近的震动、爆破等因素的影响后，也很难保证它的稳定性。因此，控制点的布设又最好是远离建筑区。为了解决这种矛盾，通常将施工控制网进行两级布设。一级网，它提供整个工程的整体控制，其点位应尽量选在地质条件好、离爆破震动远、施工干扰小的地方，以便长期保存和稳定不动，我们将该级网称为基本网。二级网，它是以基本网为基础，用插入点、插入网和交会点的方法加密而成的，其点位靠近各建筑物，直接为放样建筑物的辅助轴线和细部服务。这种网点在施工期间要用基本网点来检测并求算其变动后的坐标。当其点位遭到破坏时，也可用基本网点恢复其点位，我们称这种二级网为定线网。

大坝基本平面控制网的起始点应选在坝轴线或主要建筑物附近，可利用勘测规划设计阶段布设的测图控制点，点位应选择在通视良好、方便加密、地基稳定且能长期保存的地方，分布应做到坝轴线下游的点数多于坝轴线上游的点数，尽量埋设

成具有强制归心装置的混凝土观测墩，周围还应设置醒目的保护装置。可采用GNSS网、三角形网、导线及导线网形式布设，施测前应根据初步确定的网点位置，对多种网形结构进行精度优化设计、可靠性分析、确定最佳布网方案，平差计算一般按独立网进行，对于起算数据，在条件方便的时候，可与邻近的国家三角点进行联测，其联测精度不低于国家四等网的要求。由于施工区范围一般不大，观测数据可不做高斯投影改正，可不进行方向改化，仅将边长投影到测区选定的高程面上，采用平面直角坐标系统，在平面上直接进行计算。

施工控制网的精度应以满足施工放样的要求为原则。当用控制点直接放样某些辅助轴线或大坝细部时，对控制网提出的要求较高，但水利水电施工测量规范中规定主要水利工程建筑物轮廓点放样中误差为±20mm。因此，目前大都以能保证放样的点位中误差不超过±20mm为确定施工控制网必要精度的起算数据的依据。考虑到控制点误差对大坝施工控制网放样点位应不发生显著影响的原则，控制点的精度 $m_1 \approx 0.4M = \pm 8\text{mm}$ 。这是定线网控制点的精度要求。

高程控制网一般也分为两级布设，一级水准网与施工工区附近的国家水准点联测，布设成闭合（或附合）形式，称为基本网，基本网的水准点应布设在施工区以外，作为整个施工区高程测量的依据；另一级是由基本水准点引测的临时性作业水准点，它应靠近建筑物，便于高程放样。基本高程测量通常用二等或三等水准测量完成，加密高程控制网由四等水准测量完成。

大坝高程基本控制网宜均匀布设在大坝轴线上下游的左右岸，不受洪水、施工的影响，便于长期保存和使用方便的地方，可现浇混凝土或埋设预制标石，也可埋设水准基岩标识或埋设在平面控制点标志上，对于施工区外布设较长距离的水准路线时，应按照规范规定的相应等级精度指标进行施测，一般布设成闭合环线、附合路线或节点网，不允许布设支水准路线，宜与国家水准点联测，其联测精度不低于四等水准测量的技术要求。

2. 坝轴线测设

坝轴线即坝顶中心线，是大坝施工放样的主要依据。为将图纸上设计的坝轴线放样至实地，在图纸上先用图解法量算出坝轴线两端点坐标，计算两端点与基本控制点之间的放样数据，再采用交会法、极坐标法等放样方法将坝轴线放样到实地，如图10.1所示坝轴线 M_1、M_2。

通常情况下，中小型大坝的坝轴线由工程设计人员根据地形和地质情况，经过多方比较，直接在现场选定轴线两端点的位置。而大型大坝则需要经过严格的现场勘测与规划、多方比较与研究后才能进行坝轴线定位。坝轴线两端点在地面定位后必须用永久性标志标明，为防止施工时遭到破坏，还需沿轴线延伸方向，在两岸山

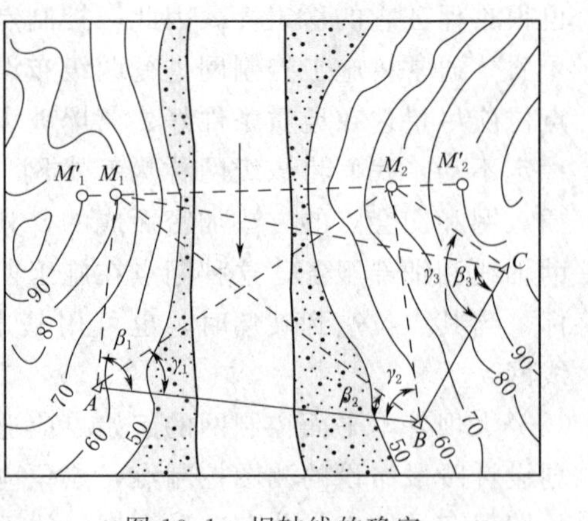

图10.1　坝轴线的确定

坡上各埋设 1～2 个永久性标志（轴线控制桩），如图 10.1 所示的 M_1'、M_2'以便检查两端点的位置变化。

3. 坝身控制线测量

为了施工放样方便，应当测设若干条垂直或平行于坝轴线的坝身控制线。

（1）测设坝轴平行线。

为方便放样，将经纬仪或全站仪分别安置在坝轴线的端点上，测设若干条平行于坝轴线的坝身控制线，控制线应布设在坝顶上下游线、上下游坡面变化处、下游马道中线，也可按一定间隔布设（如 5m、10m、20m 等），以便控制坝体的填筑和进行收方。如图 10.2 所示，将经纬仪分别安置在坝轴线的端点上，用测设 90°的方法各作一条垂直于坝轴线的横向基准线，分别从坝轴线的端点起，沿垂线向上、下游丈量定出各点，并按坝轴距（至坝轴线的平距）进行编号，如上 10、上 20、下 10、下 20 等。两条垂线上编号相同的点的连线即坝轴平行线。在测设平行线的同时，还可放出坝顶肩线和边坡线，它们也是坝轴平行线。

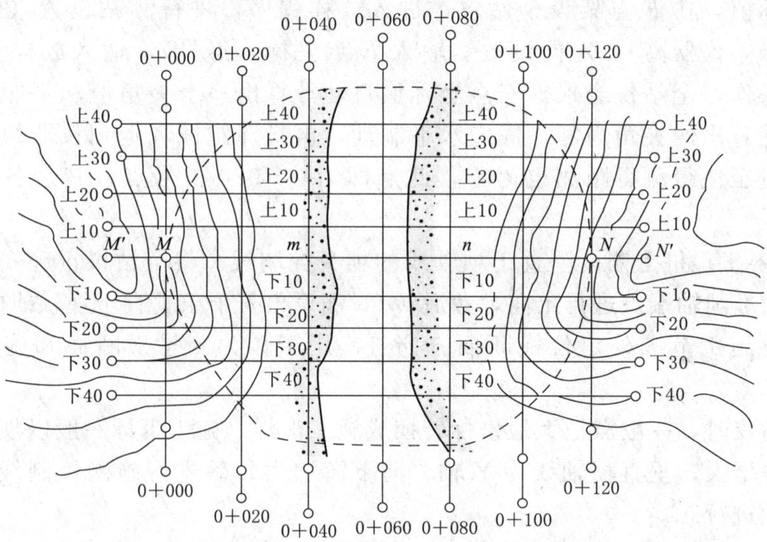

图 10.2 平行和垂直坝轴线的控制线

（2）测设坝轴垂直线。

一般情况下，垂直于坝轴线的坝身控制线的布设需要按照 20m、30m、50m 的间距以里程来布设，分为两个步骤来完成。

1）沿坝轴线测设里程桩。将一端坝顶与地面的交会点定位零号桩，然后从零号桩起沿着坝轴线按照间距丈量距离，直到另一端坝顶与地面的交会点。当距离丈量有困难时，可采用交会法定出里程桩的位置。如图 10.3 所示，在便于量距的地方作坝轴线 MN 的垂线 EF，用钢尺量出 EF 的长度，测出水平角$\angle MFE$，算出平距 ME。

设欲放样的里程桩号为 0＋020，①经纬仪测设里程桩：先按式 $\beta=\arctan\dfrac{ME-20}{EF}$

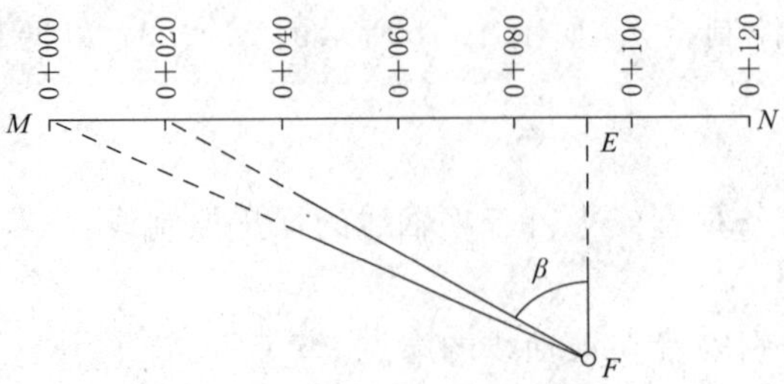

图 10.3 坝轴线里程桩的测设

计算出 β 角，再用两台经纬仪分别在 M 点和 F 点设站，M 点的经纬仪以坝轴线 MN 来定向，用架设在 F 点的经纬仪测设出 β 角，两台仪器视线的交点即 0+020 桩的位置。②全站仪极坐标法测设里程桩：一种做法是利用基本测量功能来完成，首先利用平距计算公式计算出 F 点到 0+020 桩号的距离和夹角 β，再在 F 点上安置全站仪，开机对中整平后，旋转望远镜瞄准 E 点，固定水平制动螺旋，然后把 FE 方向置零，然后松开水平制动，逆时针方向旋转夹角 β，固定水平制动螺旋，指挥跑杆人员走到仪器视线中，直至使得所测距离等于计算出的平距，即为 0+020 桩号；另一种做法是利用全站仪的放样功能来完成，首先根据图 10.3 各点位相对位置关系，求出 F、E、0+020 三点的坐标值，在 F 点架设全站仪，进入放样程序，进行测站设置（输入 F 点坐标，点号，仪器高），定向设置（输入 E 点坐标，点号），输入放样点 0+020 的坐标值操作，全站仪会根据三点坐标值自动计算出一个夹角值和平距，先旋转仪器使得计算出的夹角为零，固定水平制动，再指挥跑杆者走到仪器视线中，进行测距，直至使得测得距离也为零，此点即为 0+020 桩号点。其余各桩按同法标定。

2）在各里程桩上测设垂直于坝轴线的坝身控制线。将全站仪正确安置在各里程桩上，瞄准坝轴端点进行定向，然后转 90°测设出若干条垂直于坝轴线的平行线，并在上下游施工范围外定位横断面方向桩。用于作为测量横断面和施工放样的依据。

用全站仪时，一般需把大地坐标转换成施工坐标（施工坐标一般以坝轴线为 X 轴、向左岸增大；垂直坝轴线为 Y 轴、向下游增大）后进行施测控制线，能够便捷、精确地进行。

4. 坝体高程控制测量

坝体高程控制测量是在高程基本网的基础上施测一系列临时作业水准点。基本网一般布设在施工区以外。临时水准点直接用于坝体高程放样，布设在施工范围内不同高度处，尽量做到安置 1～2 次仪器就可以放样高程，用闭合或附合水准路线从基本网联测高程，用三等或四等水准测量的方法施测。

如图 10.4 所示，由 Ⅲ_A 经 $BM_1 \to BM_6$，再至 Ⅲ_A 测定各点的高程。临时水准点应根据施工进程及时设置，附合到永久水准点上（如图 10.4 中的 $BM_1 \to 1 \to 2 \to 3 \to BM_3$），并应从水准基点引测它们的高程，经常检查，以防由于施工影响而发生变动。

10.1.4 土石坝施工控制测量实训报告

实训任务书见表 10.2，实训考核评价表见表 10.3。

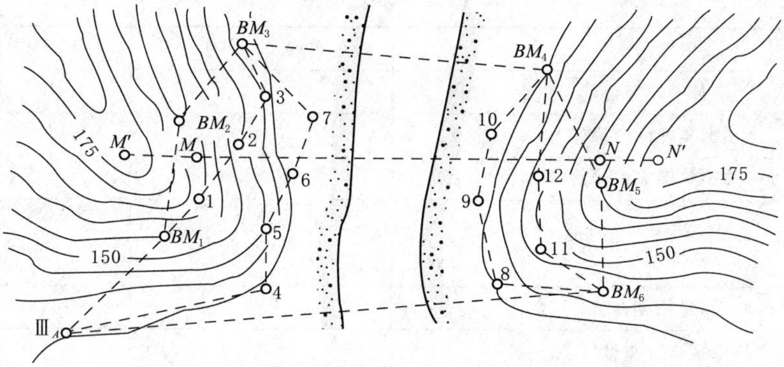

图 10.4　土坝高程控制网

表 10.2　　　　**实 训 任 务 书**

<table>
<tr><td>实训任务</td><td colspan="3">土石坝施工控制测量</td><td>建议学时</td><td>4</td></tr>
<tr><td>班级</td><td></td><td>姓名</td><td></td><td>工作日期</td><td></td></tr>
<tr><td>实训目标</td><td colspan="5">1. 掌握土石坝施工控制测量方法。
2. 能够建立大坝基本控制网（高程、平面）。
3. 能够进行坝轴线测设。
4. 能够进行坝身控制线测量。
5. 能够进行坝体高程控制测量</td></tr>
<tr><td>实训内容</td><td colspan="5">土石坝施工控制测量</td></tr>
<tr><td>安全须知</td><td colspan="5">学生听从指导教师的安排及指挥，不在测量作业面上相互打闹；保护好测量仪器及工具；遵守测量实训须知的安全与文明要求；主动保护模拟施工场地上的各种测量标记，发现标记移动或损毁后要第一时间上报指导教师</td></tr>
<tr><td>实习成果</td><td colspan="5">实训报告</td></tr>
<tr><td>实训要求</td><td colspan="5">1. 具备路桥工程识图与绘图的基础知识。
2. 具备路桥工程构造的知识。
3. 具备高程测量的基础知识。
4. 具备一定的实践动手能力、自学能力、数据计算能力、一定的沟通协调能力、语言表达能力和团队意识。
5. 严格遵守课堂纪律，不迟到、不早退；学习态度认真、端正。
6. 每位同学必须积极参与小组讨论。
7. 完成“土石坝施工控制测量”实训报告</td></tr>
<tr><td>考核评价</td><td colspan="5">评价内容：仪器操作正确性和工作效率评价；测量数据的正确性、完整性评价；完成报告的完整性评价；安全文明和合作性评价等。
评价方式：由学生自评（自述、评价，占 10%）、小组评价（分组讨论、评价，占 20%）、教师评价（根据学生学习态度、工作报告及现场抽查知识或技能进行评价，占 70%）构成该同学该任务成绩</td></tr>
</table>

表 10.3 实训考核评价表

考核指标	指标内涵	分值	学生自评	小组评分	教师评分	实得分数
准备工作（20）	准备工作完整性	10				
	实训步骤内容描述	8				
	知识掌握完整程度	2				
工作过程（45）	测量数据正确性、完整性	10				
	测量精度评价	5				
	报告完整性	30				
基本操作（10）	操作程序正确	5				
	操作符合限差要求	5				
安全文明（10）	叙述工作过程应注意的安全事项	5				
	工具正确使用和保养、放置实训设备	5				
完成时间（5）	能够在要求的 180 分钟内完成，每超时 5 分钟扣 1 分	5				
合作性（10）	独立完成任务得满分	10				
	在组内成员帮助下得 6 分					
总分		100				

任务 10.2 土石坝施工放样

土石坝施工放样

10.2.1 实训目标

（1）掌握土石坝施工控制测量方法。

（2）能够建立大坝基本控制网（高程、平面）。

（3）能够进行坝轴线测设。

（4）能够进行坝身控制线测量。

（5）能够进行坝体高程控制测量。

10.2.2 实训准备与要求

10.2.2.1 实训准备

1. 场地准备

可选择校内实训场进行。已完成土石坝施工控制测量，坝轴线、坝身控制线和坝体高程控制测量。

2. 设备准备

使用 DS_3 型水准仪或 DS_3 型自动安平水准仪，精度为每千米误差±3mm，要求状态良好，无部件损坏；与仪器配套的支架要求架头牢固，架腿伸缩自如，螺钉应固紧，架身无晃动，架腿支好后无滑动现象。全站仪 1 套，用于三角高程控制测量使用。

3. 工具及材料准备

每组准备 3m 长的塔尺 1 根。

10.2.2.2 教师准备

提前在教学平台布置实训任务，发布控制测量的工作程序微课视频，让学生预习有关知识及操作步骤；按照预先的每 4 人分一组，准备好实训材料和工具，制定好实训程序和步骤，指导学生进行实训活动。

10.2.2.3 学生准备

做好知识的预习与储备，掌握控制测量方法；提前分析控制测量的工作程序，严格遵照本实训教程操作要求和注意事项，按照组内分工积极参与实训活动。

10.2.2.4 安全与文明要求

学生听从指导教师的安排及指挥，不在测量作业面上相互打闹；保护好测量仪器及工具；遵守测量实训须知的安全与文明要求；主动保护模拟施工场地上的各种测量标记，发现标记移动或损毁后要第一时间上报指导教师。

10.2.2.5 参考资料

《工程测量规范》（GB 50026—2022）、《工程测量员国家职业标准》（6-01-02-04）、《水利水电工程施工测量规范》（SL 52—2015）、《工程测量通用规范》（GB 55018—2021）。

10.2.3 实训步骤和方法

10.2.3.1 清基开挖线放样

清基开挖线即坝体与自然地面的交线。清基放样的主要工作是确定清基范围和各位置的高程。一般根据设计数据计算而得。由于清基开挖线的放样精度要求并不高，所以可以采用套绘断面然后利用图解法求得放样的数据。

先在坝轴线每一里程桩处进行横断面测量，并绘制出横断面图，横断面图应标出中心桩，然后根据里程桩号套绘大坝的设计断面。从图上量出坝体设计断面与地面上、下游的交点（坝脚点）至里程桩的距离（如图 10.5 中的 D_1 和 D_2），然后据此在实地上放样出坝脚点，将各坝脚点连起来就是清基开挖线。由于清基具有一定深度，为了防止塌方，开挖时需要一定的边坡，所以实际清基开挖线应向外适当放宽 1～2m，并撒上白灰标明。

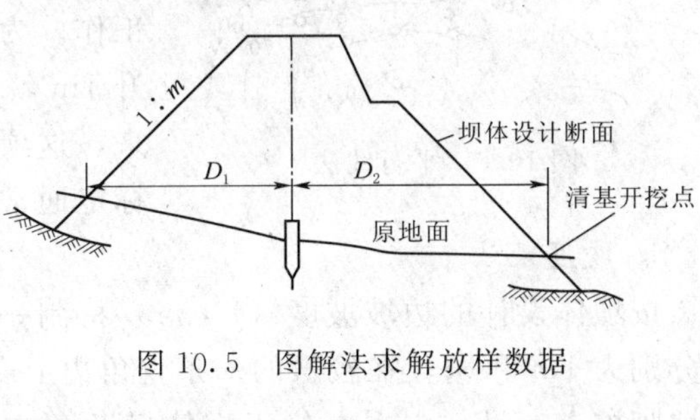

图 10.5 图解法求解放样数据

另外清基过程中位于坝轴线上的里程桩将被毁掉。为了接下来施工放样工作的需要，应在清基开挖线外设置各里程桩的横断面桩，避免其被毁掉。当前，随着科学技术水平提高大大增强了测量手段技术性，清基放样工作主要采用全站仪坐标法和GNSS-RTK法等方式进行，精确性得到了显著提高。

10.2.3.2 坡脚线放样

清基放样工作完成后，应标出填土范围，即找出坝体和清基后地面的交线，即坡脚线。常用的坡脚线放样方法有套绘断面法和平行线法。

1. 套绘断面法

(1) 首先恢复被破坏的里程桩，并量测其新的横断面，这样可以计算清基工程量。

(2) 根据坝上下游边坡线与新横断面上的交点量的坡脚线距离放出坡脚线。

(3) 测定其高程进行校核调整。方法同清基开挖放样一样。

2. 平行线法

以不同高程坡面与地面的交点获得坡脚线，然后用高程放样的方法定出坡脚点，在地形图上确定土坝的坡脚线，是用已知高程的坝坡面（为一条平行于坝轴线的直线），求得它与坝轴线间的距离，获得坡脚点。平行线法测设坡脚线的原理与此相同，不同的是由距离（平行控制线与坝轴线的间距为已知）求高程（坝坡面的高程），而后在平行控制线方向上用高程放样的方法，定出坡脚点。

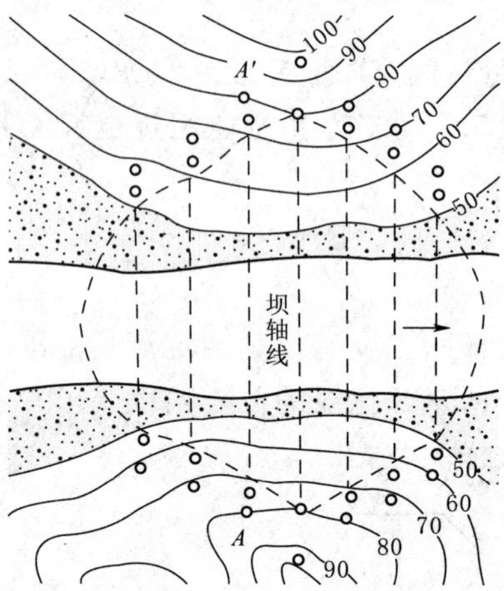

图10.6 平行线法

如图10.6所示，AA为坝身平行控制线，距坝顶边线25m，若坝顶高程为80m，边坡为1∶2.5，则AA'控制线与坝坡面相交的高程为$80-25\times(1/2.5)=70$m。放样时在A点安置全站仪，瞄准A'定出控制线方向，在AA'视线内探测高程为70m的地面点，就是所求的坡脚点。连接各坡脚点即得坡脚线。

10.2.3.3 边坡桩放样

坝体坡脚线放出后，则可以进行填土筑坝工作。为了标明上料填土的界线，每当坝体上升1m就需要用上料桩将边坡位置明确标定出来，这项工作称之为边坡放样工作。上料桩的标定通常采用坡度尺法和轴距杆法。

1. 坡度尺法

按坝体设计的边坡坡度（1∶m）特制一个大直角三角板，使两条直角边的长度分别为1m和m，在较长的一条直角边上安一个水准管。放样时，将小绳一头系在坡脚桩上，另一头系在位于坝体横断面方向的竹竿上，将三角板的斜边靠紧绳子，当绳子拉到使水准管气泡居中时，绳子的坡度即应放样的坡度，如图10.7所示。

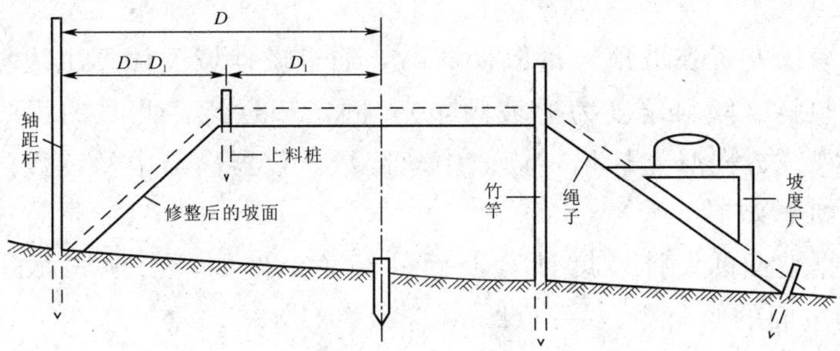

图 10.7　坡度尺法和轴距杆法放样边坡

2. 轴距杆法

根据土石坝的设计坡度，如图 10.8 所示，按式 $D_P=\frac{b}{2}+(H_{顶}-H_P)m$ 算出不同层高坡面点的轴距 D_P，编制成表，按高程每隔 1m 计算 1 个数值。由于坝轴里程桩会被淹埋，因此必须以填土范围之外的坝轴平行线为依据进行量距。为此，在这条平行线上设置一排竹竿（轴距杆），如图 10.7 所示。设平行线的轴距为 D，则上料桩（坡面点）离轴距杆为 $D-D_1$，据此即可定出上料桩的位置。随着坝体的增高，轴距杆可逐渐向坝轴线移近。上料桩的轴距是按设计坝面坡度计算的，实际填土时应超出上料位置，即应留出夯实和修整的余地，如图 10.7 中的虚线所示。超填厚度由设计人员提出。一般使上料桩的坝轴距比设计计算值高出 1～2m，能够有效确保压实修理后的坝坡面与设计坡面相符。

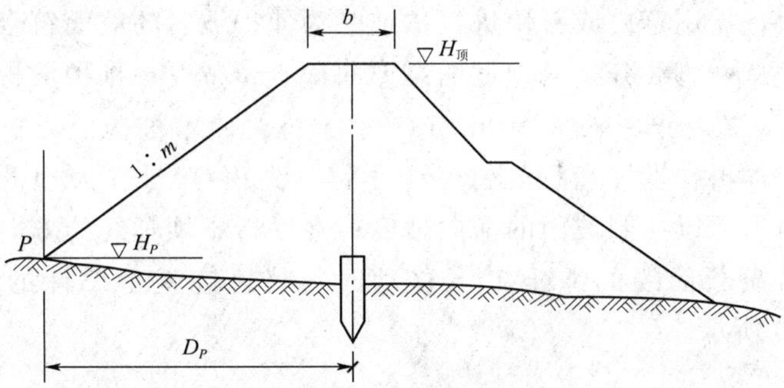

图 10.8　轴距计算断面图

10.2.3.4　修坡桩放样

为了满足设计要求，当大坝填筑到一定高度且压实后，可用水准仪法或经纬仪法测设修坡桩。

1. 水准仪法

先用水准仪测定在坝坡面上所钉的平行于坝轴线的木桩的坡面高程，再量出距离，如图 10.8 所示，按式 $H_P=H_{顶}-\left(D_P-\frac{b}{2}\right)/m$ 计算出木桩的设计高程。用水准仪测出的各点高程与设计高程的差值即坡面修坡量。

2. 经纬仪法

首先将经纬仪安置在坡顶，量取仪器高，通过设计坡度计算出边坡倾角，然后将望远镜向下倾斜（倾斜角度为边坡倾角），固定望远镜，此时的视线平行于设计坡面，最后沿视线方向竖立标尺，读取中丝读数。仪器高与中丝读数的差值即修坡量。具体做法如下：

（1）先根据坡面的设计坡度计算坡面的倾角。例如，当坝坡面的设计坡度为1∶2.5时，则坡面的倾角为：$\alpha=\arctan(1/2)=21°48'5''$。

（2）在填筑的坝顶边缘上安置经纬仪，量取仪器高度 i 后，将望远镜视线向下倾斜 α 角，固定望远镜，此时视线平行于设计的坡面。

（3）然后，沿着视线方向每隔几米竖立标尺，设中丝读数为 L，则该立尺点的修坡厚度为 $\delta=i-L$。

若安置经纬仪地点的高程与坝顶设计高程不符，则计算削坡量时应加改正数，如图10.9所示。实际的修坡厚度应按下式计算

$$\delta=(i-L)+(H_{测}-H_{设})$$

式中 i——经纬仪的仪器高度；

L——经纬仪的中丝读数；

$H_{测}$——安置仪器处坝顶实测高程；

$H_{设}$——坝顶的设计高程。

10.2.3.5 护坡桩放样

坡面修整后，需用草皮或石块进行护坡。为使护坡后的坡面符合设计要求，还需测设护坡桩。从坝脚线开始沿坝坡面高差每隔5m布设一排护坡桩，每排护坡桩应与坝轴线平行。在一排中每隔10m定一根木桩，使木桩构成方格网，将设计高程测设在木桩上，再在设计高程处钉一个小钉（高程钉）。在大坝横断面方向的高程钉上系一根绳子，以控制坡面的横向坡度；在平行于坝轴线的方向上系一条活动线，当活动线沿横断面线的绳子上下移动时，其轨迹就是设计的坝坡面，如图10.9和图10.10所示。

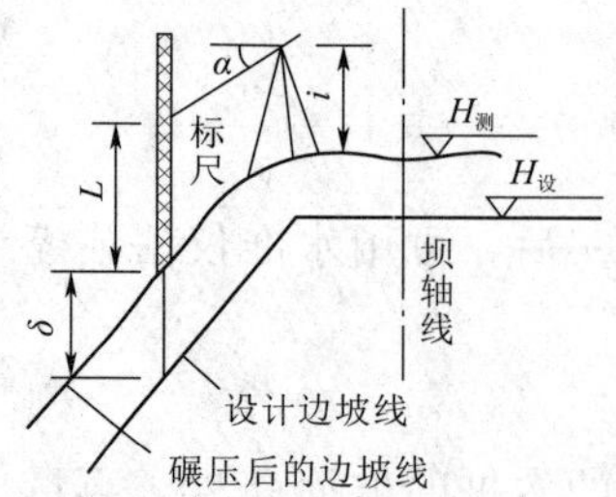

图10.9 经纬仪法测设修坡桩

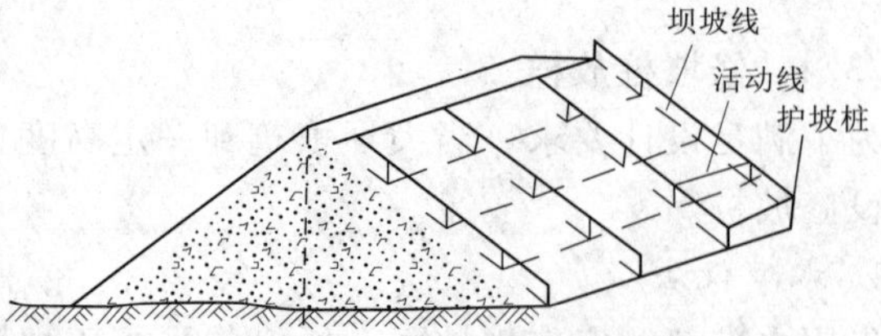

图10.10 护坡桩的标定

10.2.4 土石坝施工放样报告

实训任务书见表10.4，实训考核评价表见表10.5。

表 10.4　　　　实 训 任 务 书

<table>
<tr><td>实训任务</td><td colspan="2">土石坝施工放样</td><td>建议学时</td><td>4</td></tr>
<tr><td>班级</td><td></td><td>姓名</td><td></td><td>工作日期</td><td></td></tr>
<tr><td>实训目标</td><td colspan="5">1. 掌握清基开挖线放样方法。
2. 能够进行坡脚线放样。
3. 能够进行修坡桩放样。
4. 能够进行护坡桩放样</td></tr>
<tr><td>实训内容</td><td colspan="5">土石坝施工放样</td></tr>
<tr><td>安全须知</td><td colspan="5">学生听从指导教师的安排及指挥，不在测量作业面上相互打闹；保护好测量仪器及工具；遵守测量实训须知的安全与文明要求；主动保护模拟施工场地上的各种测量标记，发现标记移动或损毁后要第一时间上报指导教师</td></tr>
<tr><td>实习成果</td><td colspan="5">实训报告</td></tr>
<tr><td>实训要求</td><td colspan="5">1. 具备水利工程识图与绘图的基础知识。
2. 具备清基开挖线放样、坡脚线放样、修坡桩放样、护坡桩放样的知识。
3. 具备一定的实践动手能力、自学能力、数据计算能力、一定的沟通协调能力、语言表达能力和团队意识。
4. 严格遵守课堂纪律，不迟到、不早退；学习态度认真、端正。
5. 每位同学必须积极参与小组讨论。
6. 完成“土石坝施工放样”实训报告</td></tr>
<tr><td>考核评价</td><td colspan="5">评价内容：仪器操作正确性和工作效率评价；测量数据的正确性、完整性评价；完成报告的完整性评价；安全文明和合作性评价等。
评价方式：由学生自评（自述、评价，占 10%）、小组评价（分组讨论、评价，占 20%）、教师评价（根据学生学习态度、工作报告及现场抽查知识或技能进行评价，占 70%）构成该同学该任务成绩</td></tr>
</table>

表 10.5　　　　实 训 考 核 评 价 表

考核指标	指标内涵	分值	学生自评	小组评分	教师评分	实得分数
准备工作（20）	准备工作完整性	10				
	实训步骤内容描述	8				
	知识掌握完整程度	2				
工作过程（45）	测量数据正确性、完整性	10				
	测量精度评价	5				
	报告完整性	30				
基本操作（10）	操作程序正确	5				
	操作符合限差要求	5				
安全文明（10）	叙述工作过程应注意的安全事项	5				
	工具正确使用和保养、放置实训设备	5				

续表

考核指标	指标内涵	分值	学生自评	小组评分	教师评分	实得分数
完成时间（5）	能够在要求的180分钟内完成，每超时5分钟扣1分	5				
合作性（10）	独立完成任务得满分	10				
	在组内成员帮助下得6分					
总分		100				

思政园地：大坝变形监测知识知多少

1. 什么是大坝变形

大坝好比是长在地上的一棵树，在风吹作用下，树梢会向顺风向一侧倾斜。大坝在水、温度等荷载作用下产生的微小倾斜就是大坝变形。不同于树的倾斜变形，大坝变形是肉眼不可见的，需使用精密仪器进行观测。

2. 大坝变形基本规律

像树倾斜一般，大坝变形主要特点是：坝顶变形最大、腰部次之、底部最小。库水位上升、温度降低产生向下游的位移，库水位降低、温度升高产生向上游的位移。

3. 监测大坝变形的“耳目”

人们建房常用两条“线”，一条叫作“水平线”，一条叫作“垂直线”，用于判断房子是否水平和铅直。为了全面、准确、及时地掌握大坝变形，三峡大坝坝体内布置有多条横向、竖向的“线”，它们是判断大坝变化的“准绳”，是掌握大坝性状化和安全状态的“耳目”。

竖向的“线”叫垂线，横向的“线”叫引张线，垂线和引张线测线材料均为高强钢丝。这两类监测方法的精度达到1mm。其中，三峡工程引张线分上、中、下三层共布设11条引张线，线体长度140～560m不等；在4个左岸厂房坝段、4个泄洪坝段和5个右岸厂房坝段安装有垂线观测系统，是变形监测的重点坝段。

除上述变形监测设施外，三峡坝体内还布置有伸缩仪、精密量距、静力水准仪、精密水准点、双金属标、测温钢管标、多点位移计、基岩变形计、钻孔测斜仪等变形监测设施。此外，在三峡工程枢纽区域布置有变形监测网，以坝体变形区域以外网点为基准监测坝体表面变形。坝体内部有垂线、引张线等变形监测，坝体外部有变形网变形监测，坝体内部变形监测和外部变形监测数据可以互相验证。监测数据显示两种观测结果是吻合的。

4. 三峡大坝安全监测

为了全面、准确、及时地掌握各建筑物及其基础的工作性态和安全状况，三峡枢纽工程安全监测作为三峡工程8个单项技术设计之一，前期开展了全面深入的设计研究，设立了门类齐全数量庞大的安全监测设施，监测项目分为常规监测项目、专项监测项目、地质环境监测项目三大类 14 项，此外还有各种巡视检查项目，形成了一套覆盖所有建筑物和所在区域的完整监测系统。其中变形监测设施包括：正垂线、倒垂线、引张线、伸缩仪、精密量距、静力水准仪、精密水准点、双金属标、测温钢管标、多点位移计、基岩变形计、钻孔测斜仪等。建设阶段，监测仪器的埋设及观测工作列为独立标段，与主体工程同步实施，共埋设仪器测点 12087 个；其中变形监测测点为 2681 个，完好率为 99.8%。全系统有 5330 个测点已实现自动化运行，涵盖船闸、升船机、大坝挡水一线、左右岸厂房、右岸地下电站、茅坪溪防护坝等建筑物的内部变形及渗流、应力应变等内观监测项目，具备定时自动巡测或选测、坝体强震动自动触发加密观测，和信息录入、数据计算处理、图形报表输出、数据检验分析及预警等功能。可实时监控枢纽运行性态的细微变化。三峡枢纽工程投入运行以来，工程质量检查专家组对三峡枢纽安全监测情况保持了连续的跟踪检查、分析和研判。结果显示，三峡枢纽变形符合国内外已建混凝土重力坝变形规律，各项指标均在设计允许范围内。

参 考 文 献

［1］ GB 50026—2022 工程测量规范［S］

［2］ SL 52—2015 水利水电工程施工测量规范［S］

［3］ GB 55018—2021 工程测量通用规范［S］

［4］ 杜玉柱．水利工程测量技术［M］．北京：中国水利水电出版社，2023.

［5］ 王天成．路桥工程测量技术［M］．北京：中国铁道出版社，2022.

［6］ 石雪冬．水利工程测量［M］．北京：中国电力出版社，2011.

［7］ 戚浩平．地形测绘［M］．北京：中国建筑工业出版社，2003.

［8］ 李天和．地形测量［M］．郑州：黄河水利出版社，2012.

［9］ 王笑峰．水利工程测量［M］．北京：高等教育出版社，2007.

［10］ 武汉大学测绘学院测量平差学科组．误差理论与测量平差基础［M］．2版．武汉：武汉大学出版社，2010.

［11］ 靳祥生．水利工程测量［M］．郑州：黄河水利出版社，2008.

［12］ 赵桂生．水利工程测量［M］．北京：中国水利水电出版社，2014.

［13］ 潘松庆．工程测量技术［M］．郑州：黄河水利出版社，2008.

［14］ 杨旭江．道路工程测量［M］．郑州：黄河水利出版社，2015.

［15］ 牛志宏，吴瑞新．水利工程测量［M］．2版．北京：中国水利水电出版社，2013.

［16］ 王金玲．土木工程测量［M］．武汉：武汉大学出版社，2010.

［17］ 杨邦柱，焦爱萍．水工建筑物［M］．北京：中国水利水电出版社，2008.

［18］ 孙茂存，张桂蓉．水利工程测量［M］．武汉：武汉理工大学出版社，2013.

［19］ 高小六，江新清．工程测量（测绘类）［M］．武汉：武汉理工大学出版社，2013.

［20］ 王正荣，邹时林．数字测图［M］．郑州：黄河水利出版社，2012.